人づきあいが楽しくなる心理学

鈎 治雄
MAGARI HARUO

第三文明社

はじめに

私たち人間が、あらゆる動物と比べて、知的な能力に勝《まさ》るという点は、誰しも認めるところです。人間の知力によって、社会は大きく様変わりし、科学技術は、驚異の発展を遂げてきました。

しかし、その一方で〝灯台下暗《もとくら》し〟ということわざどおり、私たちは、人間関係という足下の問題にはどうにもうまく知恵が回らず、日々、悩みや戸惑いを隠せないようです。これほど優秀で、有能なはずの人間が、最も身近な人間関係に行き詰《づ》まり、自分や他人をコントロールすることに苦慮している姿を見るにつけ、知的能力の高さと人間関係力の貧困さとのあまりのギャップの大きさに、戸惑いを隠せません。

どんなに社会的に地位のある人やお金持ちの人、有名人であったとしても、自分のことや家族、職場など身近な人との関係で悩み、苦しんでいるという点では、私たちは皆、同じです。自分のことや身の周りの人間関係にまつわる問題は、私たち人間にとって尽きることのない、永遠のテーマであるといっていいでしょう。

そのような訳《わけ》で、今回、心理学の知見や多くの方々の考えや生き方をふまえながら、人間関係という現実における対処法や、自分を育てるためのヒントについて、少しでもお役に立つことができればとの思いで書き綴《つづ》ってみました。

本書の内容は、『公明新聞』紙上で連載された「人間関係力を育《はぐく》む」（二〇一二年十月～一三年十一月にかけて、全二十五回）に、大幅な加筆をし完成したものです。また、毎年、創価大学でおこなっている夏季大学講座の内容をふまえて執筆しました。

本書では、かつて創価大学の大学院で臨床心理学の研究に励んできた、鈴木智子さんと松元大地さんの二人の卒業生の修士論文の内容の一端も紹介させていただきました。あわせて、創価大学の通教生や通学生の事例、そして、卒業生や学生の皆さんが提供してくれた貴重な資料の一端も紹介させてもらいました。皆さんに、心から感謝したいと思います。

人間関係という剣は、諸刃《もろは》の剣《つるぎ》です。既に述べてきたように、私たちは、人間とのつきあいによって心が傷つき、落ち込み、ストレスを溜《た》め込みます。心のガラスは、人間関係によって曇り、ヒビが入ることがあります。

しかし、その一方で、私たちは、人間との触れ合いによって、元気をもらい、喜びが込み上げ、生きる勇気をもらえるのも確かです。心のガラスは、人間関係によって、太陽の光をいっぱい浴びることができます。人間関係には、こうしたポジティブな面があるからこそ、私たちは、ここまで生きのびてくることができたのだと思います。

生きるということは、人間関係という諸刃の剣を携《たずさ》えて、幸福という名の山の登頂を目指して、山を登り続けるようなものなのかもしれません。本書が、人間や人間関係についてあらためて考え、見つめ直し、理解を深めるための一助となれば、著者としてこれ以上の喜びはありません。最後になりますが、本書の出版を快く引き受けてくださった第三文明社の皆さんに、心からお礼を申し上げたいと思います。

鈎　治雄

目次

Chapter 2

相手の心をつかむ6つのヒント

Chapter 3

幸せを実感できる6つのヒント

Chapter 4
内なる力を引き出す6つのヒント

Chapter 5

心と心が響き合う6つのヒント

【凡例】

一、引用・参考文献は、チャプターごとに（番号）を付し、巻末に列記した。

一、引用文は、読みやすくするため編集部でふりがなをつけた箇所もある。また、一部、現代表記に改めた。

装幀　八幡清信　／　本文レイアウト　小林正人

Chapter 1

自分を変える6つのヒント

Part 1 自分が変われば、世界が変わる！

現代は、パソコンやスマートフォンという端末機器さえあれば、アフリカであろうと、南米であろうと、世界中のどこからでも、互いの交流はもとより、あらゆる知識が、瞬時に手に入る時代となりました。インターネットを普及させることで、現代人は、自《みずか》らの生活環境を大きく変えました。

しかし、その一方で、時代がどんなに進もうとも、なかなか変えられないものがあります。そうです！　それは、〝自分〟という目の前の存在です。

〝自分を変える〟ためには、どうすればいいのでしょうか。それは、まず、自分と向き合い、自分を知ろうとする気持ちを持つことから始めることです。仏教の言葉に、「まつげのちかきと虚空《こくう》のとをきとは見候事《みそうろうこと》なし」(1)とあります。まぶたのふちにある睫毛《まつげ》は、自分の目の一番近いところにあります。一方で、目から一番、かけ離れているもの——それが虚空、つまり、大宇宙であるというのです。

つけ睫毛をつけておられる女性の方でも、つけ睫毛を自分の目で、確かめることは難しいのではないでしょうか。鏡がないと睫毛が見えないように、大宇宙の姿もまた、肉眼では見ることができません。

睫毛とは、自分自身のことです。最も遠いところにある、大宇宙のすべてを肉眼で確かめることができないように、睫毛に相当する、自分という最も身近な存在を知ることも、実に難しいことです。

人と向き合うときに、〝自分を見つめる〟ことの大切さを教えてくれているのが、「交流分析」(transactional analysis) という考え方です。頭文字を取って、「TA理論」とも呼ばれています。アメリカのバーン (E. Berne) という心理学者が提唱したものです。

トランザクション (transaction) という英語は、本来はビジネス用語です。業務の処理や取引といった意味があります。TA理論では、トランザクションという言葉に、「交流」という訳語をあてることで、広く、人と人との交わりやかかわりという意味で使っています。

交流分析は、毎日の私たちの人間関係を、心豊かで、潤《うるお》いのあるものにしていくためには、まず、自分を見つめること、自分を知ろうと努力することが、何よりも大切であることを教えてくれています。

〝心の鏡〟は身近なところに！

自分を知るということは、自分自身への気づきを深めるということですが、これが、簡単なようで難しいのです。〝灯台下暗《もとくら》し〟ということわざがあります。灯台の真下には、灯台の明かりが行き届かないように、自分という存在もまた、最も身近なものであるだけに、正しく知るということは決して容易なことではありません。

私は、〝心理学者の心理知らず〟と、常に自分に言い聞かせているのですが、自分を知るということは、人間について学び、交わることを生業《なりわい》としている臨床家や教師、看護師や政治家であっても、最も困難なことです。私自身も、毎日、反省の繰り返しです。〝医者の不養生《ふようじょう》〟という言葉もあるように、私たちの健康を支えてくれる専門家でさえ、自らの健康を管理し、維持し続けることは容易ではありません。人間誰しも、自分への気づきを深めるということが、一番、厄介《やっかい》で困難なのです。

自分を知るためには、〝心の鏡〟を持つことです。心の鏡とは、自分自身をありのままに映し出してくれる存在のことです。鏡という道具の助けを借りることで、自身の睫毛や顔を見ることができるように、私たちは、心の鏡をとおして、自分を冷静に見つめ、自分への気づきを深めることができます。

文学作品や演劇、映画の中の主人公の生きざまをとおして、自分への気づきを深めることができたとしたら、作品や主人公が心の鏡です。旅をして、大自然の美しさや雄大な景色に触れて、小さなことで悩んでいる自分を振り返ることができたとしたら、自然が心の鏡だといえるでしょう。

家族という存在は、自分の短所を指摘してくれる最も身近な心の鏡です。友人の一言が、自分を見つめ直す機会になったとしたら、友人が心の鏡です。わが子が懸命に頑張っている後ろ姿から、親が教えられたとしたら、わが子が心の鏡なのです。

私の場合は、講演会やセミナーの講師として、いろいろなところにお邪魔した折に、参加者の皆さんが、アンケートに率直に書いてくれる感想や意見もまた、自身への気づきを深める上で大いに参考になります。

他人の指摘に対して、謙虚に耳を傾けるということは、勇気のいることです。しかし、それは、自分自身を磨き、向上させていく上で、避けて通ることのできない道筋です。

〝自律的な生き方〟は人づきあいの原点

心の鏡をとおして、自らを点検し、気づきを深める努力を怠《おこた》らないことは、人間としての成長欲求を持ち続けるということでもあります。成長しようとする心を持ち続けることは、人間としての証《あかし》です。人間としての存在価値そのものです。他の動物にはない、人間だけに与えられた特権です。それは、交流分析の言葉を借りるならば、〝自律的な生き方をする〟ということになるでしょう。「自律」とは、自分本位や自分中心の考え方に支配された生き方とは、正反対の生き方のことです。

私たちは、人とのかかわりの中で、さまざまな問題やトラブル、不協和音が生じたときに、ともすれば、その原因や責任を相手のせいにしがちです。「おやじのせいで、家庭が暗くなってしまった」「この子がいるから、クラスが落ち着かない」というように、思いどおりに事が運ばない、期待した結果が得られない場合に、往々にして、原因を周りのせいにしがちです。しかしそれでは、いつまでたっても、よい人間関係を築くことはできませんし、自身の進歩もありません。

交流分析は、〝過去と他人は変えられない〟ということを、私たちに訴えています。私たちが過去を取り戻せないのと同じように、他人という存在も容易に変えることはできません。他人の生き方や考え方を、たやすく変えられないとすれば、人間関係をよいものにしていくために残された選択肢は、一つしかありません。賢明な皆さんであれば、もうおわかりでしょう。そうです。〝自分が変わる!〟〝自分を変える!〟以外に道はないのです。

〝自律的な生き方〟をするということは、自分が変わろうとすること、自分を変えようとすること、つまり、セルフコントロールを心がけることにほかなりません。世の成功者は皆、自分のほうから変わろうと努力してきたといっても過言ではありません。行き詰《づ》まりや問題の原因を他人のせいにしていては、豊かな人間関係を築き、充実した人生を送ることはできないのです。

自律的な生き方をするということは、自己否定的になって、自分を責めるということではありません。自らが率先して、前向きに変わろうとするポジティブな生き方をすることです。まずは、小さなことから、以前の自分と比べて〝ここが変わった〟〝ここを変えられた〟といえる自分にしていくことが大事だと思います。

〝新〟という漢字には、古い木に斤《おの》を入れてできた〝切りたての木〟という意味があります。古い自分に斧《おの》を入れて、新しい自分に生まれ変わるということが、自律的な生き方をするということです。

〝自分が変わろう！〟〝自分を変えよう！〟という、自律的で勇気ある生き方は、たった一つの石の置き方次第で、挟《はさ》まれたすべての石の色が変わるオセロゲームのように、間違いなく相手を変え、周りの環境をも大きく変えていくのです。

Part 2 エゴグラムで自己点検！

自分を変えるためには、まず、自分の心の状態について知る必要がありそうです。

交流分析では、自分を知るためのヒントとして、エゴグラム（egogram）という手立てを考案しました。エゴグラムのエゴ（ego）は、自分のことです。グラム（gram）とは、ここでは〝図で描いて表す〟という意味です。つまり、エゴグラムとは、今の自分の心の状態をグラフで表してみることです。これは、絶対的なものではありません。あくまでも、心理学が考え出した、自分を知るための一つの方法です。

〝自分の心〟をグラフにしてみよう！

交流分析では、私たちには、五つの心のはたらきがあると考えます。以下、五つの心の特徴について、それぞれ六つ項目をあげてみました。六つのうち幾つ、今の自分にあてはまるか、数えてみてください。深く考え過ぎずに、気軽にやってください。[2]

まず一つ目の心――。「批判的親」（CP: critical parent）と呼ばれる心です。親の心の一つです。この心が強い人の特徴は、次のとおりです。

（　）人にはうるさいほうである。　（　）頑固で理想が高い。
（　）礼儀作法にはうるさい。　（　）人をほめるより、責める傾向がある。
（　）善悪をはっきりさせたい。　（　）いい加減なことは嫌いである。

〇が入った項目を1点として、合計点が出たら、図1の「CP」の欄に、点数分の棒グラフを描いてください。以下、同様にそれぞれ点数分の棒グラフを描いていきます。

二つ目の心――。「養育的親」(NP: nurturing parent) の心です。もう一つの親の心です。幾つ自分にあてはまるか、（　）に〇をつけて図1に棒グラフを記入してください。

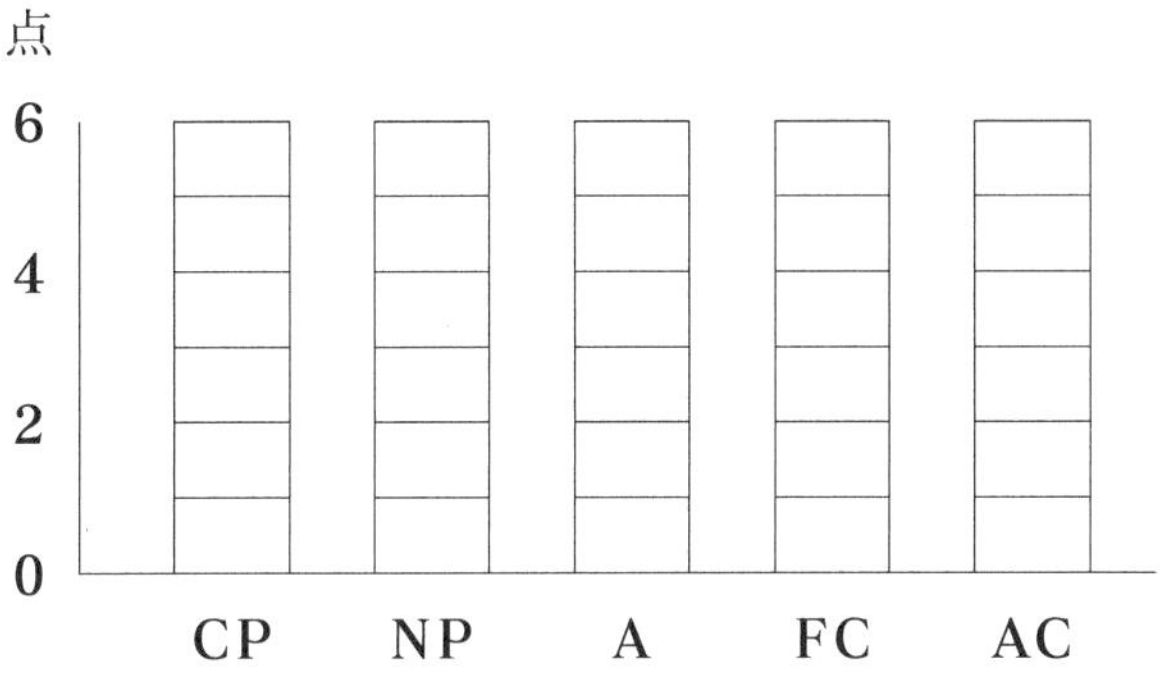

図1　エゴグラムの作成欄

（　）思いやりがある。
（　）人にはやさしい。
（　）人の世話をするのが好きだ。
（　）困っている人は助けたくなる。
（　）人をよくほめる。
（　）人に親切に道を教えてあげられる。

三つ目の心――。「大人」（A: adult）の心です。この心が強い人は、次のような特徴があります。あてはまるものに○をつけたら、棒グラフも作ってください。

（　）冷静なほうである。
（　）何事にも計画的である。

（　）理屈っぽい面がある。　（　）データや事実に基づいて判断する。

（　）よく考えてから行動する。　（　）議論好きである。

四つ目の心——。「自由な子ども」(FC: free child) の心です。この心が強い人の特徴は、次のとおりです。○をつけたら、一つ1点として、グラフを描いてください。

（　）衝動的なところがある。　（　）遊ぶことが好きだ。

（　）自由奔放に生きている。　（　）軽はずみなところがある。

（　）友だちとよくはしゃぐ。　（　）趣味やカラオケを心から楽しめる。

五つ目の心——。「順応した子ども」(AC: adapted child) の心です。この心が強い人の特徴は、次のとおりです。○をつけ、グラフもつけてください。

（　）気配りがある。　（　）自分より、人のことを優先させる。

（　）遠慮がちなところがある。　（　）人の顔色をうかがうほうである。
（　）周りからの評価が気になる。　（　）思ったことを言えずに悔やむほうである。

“自分を知り、自分を変える”きっかけに！

さあ、これで五つの棒グラフができました。できあがった棒グラフを見てください。五つの中で、一番、長い棒グラフが、皆さんの一番強い心の状態を意味しています。今の皆さんを、最もよく表している心です。

また、一番低い棒グラフの箇所《かしょ》は、その心を少し上げてみようという努力目標として見てください。実際、その心をアップさせるのは、大変難しいことですから、まずは、手始めに決意から始めるだけでも大きな前進です。

一つ目の「批判的な親」（CP）の棒グラフが一番高い人は、人間関係で、イライラしたり、相手を責めるような場面を自分で演出しがちです。CPが5点以上の人は、それを下げるのは容易ではありませんが、自分の感情を抑える努力をしようと反省するだけでも、大きな前進です。

二つ目の「養育的な親」（NP）の心が、5点以上で高い人は、やさしさやいたわりの心がいっぱい詰まっている人です。思いやりのある人です。点数の低い方は、たとえば、子どもやご年配の方の世話をして、NPの心をアップさせようと決意するだけでも、すごいことです。

三つ目の「大人」（A）の心が、一番高い人は、沈着冷静で、知的なタイプの人です。しかし、この心だけで、人と向き合ってばかりいますと、人間関係が無味乾燥なものになってしまいますから、少し、気をつけようと考えてみてください。それだけでも、自分を変える扉の入り口まで来たことになりますから、とても素晴らしいと思います。

四つ目の「自由な子ども」（FC）の心が一番高いという人は、若い人に多いと思います。相手に対して、ありのままの自分を出せる人です。ストレスを溜《た》め込みにくいタイプの人です。ただし、軽はずみなところは注意を要しますので、そんな自分に気をつけようという気持ちを持ってください。低かった人は、ありのままの自分を人前で出すことが苦手な人ですから、趣味を持つとか、姿、格好《かっこう》を気にせずに外出してみるとか、ほんの少し、何か工夫をするだけでも心が随分と軽くなるものです。

五つ目の「順応した子ども」（AC）の心が一番高い人は、常に相手のことを気にかけ、気づかう人です。他人のことを優先させる〝いい奴《やつ》〟です。一方で、日々、ストレスも溜まりがちです。ですから、この心が高い人は、たまには、心のひと休みの時間を思い切って確保してみてはいかがでしょう。ほんの少しの決断力があればできるのではないでしょうか。ACが低い人は、それ以上、自分を休める必要はありません……。むしろ、ACが低い人は、日頃から、やや気配りに欠ける人かもしれませんから、相手の誕生日や結婚記念日に何かプレゼントをするとか、お祝いのメールを送るというように、少しだけでもいいので、努力をなさってみてはいかがでしょう。

心の出し入れを〝しなやかに〟

エゴグラムは、あくまでも、自分を知るための一つの手立てにしか過ぎません。絶対的なものではありません。ただ、五つの心を、時と場所に応じて、しなやかに、うまく出し入れすることができたらベストです。

たとえば、間違った考え方をしている人がいたら、「批判的親」（CP）の心を出して、相手の間違いを正してあげることも大事です。日々の人間関係の中で、悩んでいる人や孤立している人を見かけたら、「養育的親」（NP）の心を前面に出してかかわっていく必要があります。就職や受験、あるいは家族の病《やまい》など、人生の岐路《きろ》に直面したときには、「大人」（A）の冷静な心で、対処しなければならないときもあるでしょう。

「自由な子ども」（FC）の心で、バカになりきって、明るく陽気に振る舞い、沈んだ場の雰囲気を変える努力をしなければならないこともあるでしょう。「順応した子ども」（AC）の心を前面に出して、人を気づかうことも必要です。

人の〝間〟で生きるということは、時と場所、状況に応じて、こうした五つの心をうまく出し入れしながら、しなやかな心で、よりよい人間関係をつくる努力をするということです。心のしなやかさは、楽観主義の生き方にも通じる大切な要素です（Chapter 4 - 2参照）。

自分を変え、自分が変わるための一歩——それは、エゴグラムなどを、自分を知るための一つの手がかりにすること、そして、低い心を上げてみようと、ほんのわずかでも結構ですから、努力をしてみることです。自分に足りないところを、わずかでも補うことができたら、ちょっぴり、心も軽くなり、生きることが楽しくなってくるはずです。

Part 3
「I am OK.」で進もう！

教育関係者の集まりの席でのこと。ある町の教育委員会の指導主事が、満面に笑みを浮かべながら、地元の新聞記事を広げました。

「ごみひとつなく感激」――との見出しで始まる記事には、彼の母校の中学校の後輩たちの善行と、学校宛《あて》に届いた一通の手紙が大きく紹介されていました。(3)

この中学校では、二年生百数十人が、修学旅行で奈良と京都に行きました。最終日の三日目。京都の清水寺《きよみずでら》を見学した後、京都駅から午後一時過ぎの新幹線に乗車。その車内でのことです。終点の東京駅が近づくと、生徒たちは、皆で協力し合って座席を元に戻し、椅子《いす》のヘッドカバーを丁寧《ていねい》に張り直し、ゴミはすべて用意してきたゴミ袋に入れ、車両の出入り口脇に置いたのです。

数日後のこと。この中学校に一通の手紙が届きました。それは、新幹線の車両の清掃を担当する、一人の女性からのものでした。

「突然の手紙で失礼致します。私は、本日、貴校に、ご利用いただいた東海道新幹線の清掃を担当した作業員です。車両に入り、通路、座席の背網《せあみ》に、ゴミが一つもなく、大変、驚きました。貴校の普段の教育、並びに、引率教員の方の行き届いた指導を、生徒の皆様がよく理解され、大変、きれいにご利用いただき、感激しました」と、車内清掃の際に、通路や座席の周りにゴミがないことに驚き、感激したことが、便箋《びんせん》二枚に綴《つづ》られていたのです。

幸福感を高める〝第三者による肯定的評価〟

この中学校の生徒たちは、新幹線の清掃作業員の方から、〝称賛〟と〝感謝〟という最高のプレゼントをもらって、生涯、忘れ得ぬ思い出を心に刻むことができました。中学生の善行に対して、即座に反応した女性作業員の方も、それをすぐさま記事にした新聞記者もまた素晴らしいと思いました。

アメリカのマズロー（A. H. Maslow）という心理学者は、人間の生存が脅《おびや》かされないためには、ある一定の満たされなければならない欲求があるとして、これを「基本的欲求」(basic needs)と呼びました。私たちの基本的欲求には、食べ物や睡眠などの「生理的欲求」をはじめ、いろんな種類の欲求がありますが、その一つに「承認の欲求」があります（Chapter 4 - 5参照）。

承認の欲求には、周りから認められたい、肯定的な評価を得たいという「他者からの承認欲求」と、自分の能力や自信に関係する「自尊の欲求」があります。

自分のおこないや努力が適切に評価され、人からほめられ、感謝をされて、気分の悪い人などどこにもいません。私たちは、周りから称賛され、感謝をされることで、「ストローク」(stroke)と呼ばれる心の栄養を、いっぱいもらって元気になれます。幸福感に浸《ひた》ることができます。

大人は、ともすれば、いじめや不登校など、子どものネガティブな行動や振舞いに目がいきがちです。ですから、今の子どもたちは、ほめられたり、感謝されるという経験が少ないように思います。子どもにかぎらず、人間が成長するためには、自らの頑張りや陰の努力に対して、周りが称賛を惜しまないことが何よりも大切です。

前述の新聞記事は、「当たり前のことをやって、それを認めてくれる人がいることに感謝の気持ちでいっぱいです」という、中学校の校長先生の言葉で締《し》めくくられていましたが、人は、周囲から、適切な評価をもらうことで、社会に信頼を寄せ、自己肯定感を育《はぐく》み、幸せを実感することができます。人とのあいだに、確かな関係を築いていくことができるようになります。

私の場合、元気をもらえるのは、授業に対する学生からの肯定的な評価です。私は、試験の答案用紙の最後に、学生に授業の感想を書いてもらうことにしていますが、学生から肯定的な評価をもらうと、嬉《うれ》しさが込み上げてきます。

私は、学生からの心の込もった温かい感想を、全部、ファイルにして保管しています。それは、私自身にとって何物にも代えがたい宝であり、〝元気の秘訣《ひけつ》〟だからです。こうした学生からの温かい心の込もった肯定的なメッセージに目をやることで、疲れたときや、落ち込んでいるときに、再び元気をもらって、自尊感情を高めることができます。

もちろん、反対に、学生から手厳しい感想や意見をもらうこともあります。でも、私は、そんな手厳しい感想を、自分の胸のうちだけにしまい込んでおくのではなく、むしろ、それらを逆手《さかて》にとって、講演会やセミナーなどでオープンにし、逆に聴衆から笑いを取ることで、自身の元気の源《みなもと》にしています。漫才師が、自分の失敗をネタにして、お客から笑いを取るのと同じ方程式です。

人からほめられる、感謝されるといった他者からの肯定的な評価は、いわば、その人が持っている〝ものさし〟によって測ったものです。相手のものさしで、自分の振舞いを測ってもらって、一定の合格基準に達していると認められたようなものです。

自分を好きになるための工夫を！

これに対して、自尊感情や自己肯定感を高めるためには、自分のものさしで自分を測って、自分に合格点を与えていくことも大切です。交流分析の考え方にしたがえば、自分の努力や頑張りに対して、自分で合格点をあげること、すなわち、「I am OK.」であると、自分を肯定的に評価していくことです。前述の自尊の欲求を満たすことです。

自己肯定感を高めるためには、〝今、懸命に病気と向き合っている自分〟〝忙しい中でも、親を介護している自分〟〝経済的に大変だけれど、頑張っている自分〟〝上司からは評価されなくても、顧客には満足してもらっている営業マンとしての自分〟というように、自分に及第《きゅうだい》点をあげることです。自分のものさしで自分を測って、「自分は、人間としての基準を満たしているぞ！」というように、自分で自分を前向きに評価することが大事です。

最近では、こうした自己肯定感を育む試みの一つとして、パーソナル・ポートフォリオの活用が注目されています。ポートフォリオとは、紙挟みや作品集、書類入れやファイルを意味する言葉です。最近の学校では、学習の過程で書き綴った作文や絵、プリント類などを、ファイルに入れて保存することで、子どもたちがやり遂げたことを確認し、それに教師が適切な評価をおこなうことで、子どもの自尊感情や自己肯定感を高めるポートフォリオ評価が注目されています。

新しい時代の評価のあり方は、これまでのように試験の点数や成績だけで機械的に子どもを評価するのではなく、人間味があり、かつ創造的なものでなくてはなりません。つまり、これからの評価は、学習の過程でポートフォリオを活用し、教師と子どもが話し合うなど、子どもの成長の変化が可視化できるものでなくてはなりません。

鈴木敏恵千葉大学特命教授は、成人によるパーソナル・ポートフォリオの活用を提案しています。(4) パーソナル・ポートフォリオとは、個人のビジョンや目標を明確にして、個人の関心事やこれまでの活動や成果、実績をファイル化することです。それによって、自分を発見し、これからの進むべき道を明確化することが可能になります。

ポートフォリオには、このほかにも、仕事や研究等のテーマによってファイルを作るテーマ・ポートフォリオや、健康管理などに関するライフ・ポートフォリオがあります。かくいう私も、この本の執筆にあたり、〝人間関係〟を主題にしたテーマ・ポートフォリオを作ったことが、とても役立ちました。

第三者から、自分に対する肯定的評価をもらうことも、もちろん大切です。しかし時には、自分だけの〝しなやかなものさし〟で、弱い自分や落ち込んでいる自分、悩みながらも頑張っている自分に、「I am OK.」という合格点をつけてあげることも、ぜひ、忘れないでいただきたいと思います。

Part 4 〝挨拶＋1（プラス・ワン）〟の勇気

挨拶《あいさつ》は、不思議な力を持った魔法です。私たちの心をはずませ、元気にしてくれます。とりわけ、「おはようございます」という朝の挨拶は、私たちの一日の生活に活力を与えてくれます。

挨拶は、豊かな人間関係づくりをサポートしてくれるだけでなく、私たちの心をはずませ、爽快《そうかい》な気分にさせてくれる秘薬でもあるのです。

挨拶は、〝人との交わり〟の始まり

交流分析に、「時間の構造化」(time structuring)という考え方があります。時間の構造化は、人間関係を潤いのあるものにしていくためには、工夫を凝《こ》らし、時間を有効に使っていく必要があることを、私たちに教えてくれています。「儀式」(ritual)は、その一つです(Chapter 4-6、5-3参照)。

元来、儀式とは、宗教的な儀式などに見られるように、同じ営《いとな》みを繰り返すことをいいます。交流分析では、日々の私たちの生活の中で見られる、お決まりの型通りの行為や振舞いを「儀式」と呼んでいます。さまざまな習慣や行事、そして挨拶は、儀式の典型であるといえるでしょう。お決まりの型にはまった交流であっても、私たちは、最小限の触れ合いや「ストローク」を交換することができます（Chapter 3 - 3参照）。

ストロークという言葉には、なでる、さするという意味があります。ストロークは、頬《ほお》ずりをする、抱《だ》き抱《かか》える、ポンと肩を叩く、握手をするといった触れ合いをとおして、親しみや愛情を表す行為です。それは、私たちの心を豊かなものにしていく上で、なくてはならない〝心の栄養源〟なのです。

「おはようございます」「こんにちは」「失礼いたします」という挨拶は、きわめて形式的で、人間社会における単なる習慣にしか過ぎないものかもしれません。お決まりの型にはまった、機械的な交流であるかもしれません。

しかし、近隣や職場など、人が集まり行き交う場では、仮に顔見知り程度のかかわりの薄い間柄であったとしても、一言、互いに挨拶を交わすことで、最低限の触れ合いやストローク、人間関係を維持することができます。

現代社会は、フェイスブックやラインなどのSNS（ソーシャル・ネットワーキング・サービス〈Social Networking Service〉）の普及により、顔と顔、目と目を合わせた交流や触れ合いの機会が、めっきり少なくなりつつあります。一対一の深い人間関係は次第に薄れつつあります。そうした時代であるからこそ、顔と顔を合わせた挨拶は、大きな意味があります。挨拶は、潤いのある人間関係をスタートさせ、維持していく上で大事な〝心の潤滑油《じゅんかつゆ》〟なのです。

ところで、挨拶には、相手のことを思いやり、気づかうという意味が含まれているようです。たとえば、「おはようございます」は、英語でグッド・モーニング（Good morning）、「こんにちは」はグッド・アフタヌーン（Good afternoon）です。英英辞典をひもといてみますと、「ハロー（Hello）」という言葉の、より丁寧な表現であると記されています。

こうした丁寧な挨拶を意味する言葉には、グッドという言葉が、モーニングやアフタヌーンの前についているのが、きわめて興味深いと思います。つまり、「おはようございます」という言葉には、本来、「きょうという一日があなたにとって、よき一日でありますように」「幸せな一日でありますように」という相手に対する思いやりやいたわりの心が込められています。

挨拶は、限られた時間の中でなされる最低限の触れ合いという意味だけにとどまらず、本来、相手の立場を尊重し、相手を思いやる行為なのです。

〝挨拶＋1《プラスワン》〟で心に元気を！

挨拶の「挨」という字には、「せまる」「身動きできないほど近寄る」「そばにくっつく」「そばに身をすり寄せて押し合う」という意味があります。同様に、「拶」という字にも、「ぎりぎりに近づく」「身をすり寄せる」という意味があります。つまり、挨拶には、自分のほうから相手に近づいていく、自分から進んで近寄るという意味がありま す。近づいていって、相手の心の扉を〝押し開く〟のです。このように、字義の上から挨拶の意味を考えてみますと、挨拶は、決して受け身的な行為ではないことがわかります。むしろ、きわめて前向きで、能動的な意味が含まれています。

自ら率先して挨拶のできる人は、生命力に溢《あふ》れています。輝きがあります。器が大きく、度量のある人です。私が勤務する大学でも、朝、キャンパスで出会った教職員に対して、進んで挨拶をしてくれる学生が何人もいます。こうした学生と出会うたびに、「教師より、人間として、一枚も二枚も上手《うわて》だ！」ということを実感させられます。自ら進んで挨拶のできる人は、相手の心を鷲《わし》づかみにすることができます。元気をなくしている人や落ち込んでいる人に、活力を吹き込んでくれます。

挨拶の素晴らしさは、他人だけでなく、何より自分を元気にすることができるところにあります。自分から挨拶をすることで、自分がストロークをもらえるのです。

そして、できることなら、「おはようございます」「こんばんは」という挨拶に、「サクラがきれいですね」「素敵なお洋服ですね」「今、お仕事からお帰りですか」というように、〝＋1〟の言葉を添える努力をしてみてはいかがでしょう。それだけで、コミュニケーションにも深みが生まれ、自然と会話もつながっていきます。その後の人間関係もスムーズに維持できます。

挨拶は先手必勝――「おはようございます」と進んで口にすることで、相手も自分も、心地よい幸福感に浸ることができます。そして、ちょっぴり勇気を出して、〝挨拶＋1〟を実践すること――それが、自分で自分を元気にする特効薬なのです。

急がば回れで、挨拶の習慣づくりを！

職場や学校、家庭にあっても、普通に挨拶ができるという、人として当たり前のことを、しっかりと周りに伝えていく必要があります。つい先日も、学校安全ボランティアとして、朝、子どもたちの登校の安全を見守る方の話を聞く機会がありましたが、横断歩道で会っても、挨拶ができない子どもがいると言われていました。

社員に挨拶を徹底している会社は、顧客への応対にも誠意が感じられます。活気があり、会社も成長しています。私自身、仕事柄、多くの学校を訪問する機会がありますが、私のような訪問者が校内に足を踏み入れたときでも、校庭や廊下で、子どもたちが「こんにちは」と元気に挨拶を交わしてくれる学校は、子どもたちの動作もキビキビとしています。学校全体に覇気《はき》が感じられます。

スポーツ選手も、まずランニングをして、足腰を鍛《きた》えることからトレーニングを始めるように、学校が、いじめなどの問題行動に対処していくためには、遠回りのようでも、子どもたちに〝挨拶〟を徹底していくことが大事です。

家庭にあっても、子どもに対して、挨拶の大切さを伝えていくためには、親が挨拶を無理に強要《きょうよう》するのではなく、親が率先して周りの人に挨拶をするなど、手本を示していくことが大事です。親子での山登りやハイキングなどを体験させることもおすすめです。ハイキングでは、途中で出会った人と、どちらからともなく挨拶をするという、ごく自然なかたちでの〝儀式〟があるからです。

よき生活習慣を身につけるためには、大人によるお仕着《しき》せではなく、肌で自然に吸収していけるような環境に子どもを置くことが大事だと思います。

Part 5

〝感謝の心〟が人間をつくる！

感謝は、人間を磨き、人間をつくり、人生を豊かにする秘薬です。私たちは、感謝という秘薬が、あまりにも身近なところにあるために、その優《すぐ》れた効能に、気づかないことが多いようです。

かつて、アメリカのボストンの街を散策していたときのことです。八十代後半であろうかと思われる、メガネをかけた小柄な老夫婦が、腰を大きく前にかがめながら、仲良く手をつないで、私のほうに向かって歩いてこられました。

私は、このアメリカ人の老夫婦のあまりにも美しい姿に、心が惹《ひ》きつけられました。去っていかれるまで、わずか二十秒足らずだったと思いますが、一幅《いっぷく》の名画に出合ったようで、とても幸せな気持ちになりました。一瞬のシャッターチャンスを逃したことが、今でも悔やまれるくらい、感動的な光景でした。その歩いてこられる姿から、パートナーへの長年にわたる深い愛と感謝の心が、ひしひしと伝わってくるようで、本当に幸せな瞬間でした。

都内のある中学校の卒業式に参加したときのこと――。卒業証書の授与になり、司会の先生が、最初の生徒の名前を読み上げました。そのときです。壇上脇で待機していた生徒が、演壇近くまで進み出たかと思うと、突然、大きな張りのある声で、「お父さん、お母さん、今まで育ててくれてありがとう！」と感謝の気持ちを口にしたのです。そして、校長先生の前で卒業証書を受け取った後、会場に一礼をして壇上を後にしたのでした。

その後、名前を呼ばれた卒業生も、同じように後に続きました。「保健室のミツ子先生、先生は、僕にとって、天から舞い降りてきた女神《めがみ》のような存在でした」と、会場の笑いを誘った生徒もいました。

卒業証書の授与が、半ばに差しかかったときのことです。車椅子で壇上に進み出た一人の男子生徒が、こう言いました。「山村先生、いつも僕のことを気にかけてくださり、本当にありがとうございました」。短い言葉でしたが、生徒から、温かい言葉をもらった担任の先生の目には、きらりと光るものがありました。

生徒たちが口にした言葉は、思い思いの内容でしたが、すべての生徒に共通していたもの――それは、〝お世話になった人々への感謝〟でした。学校生活の終わりが、子どもたちの心からの感謝の言葉で締めくくられること自体、教育が実りある成果をおさめた何よりもの証です。

最近の心理学では、この〝感謝の心〟の研究に強い関心が集まっています。

一般に、「恩義」（indebtedness）が、人から利益を受けているとわかったときに、その人から受けた好意に報いようとする義務的な感情であるのに対して、「感謝」（gratitude）は、人の善意により、自分が利益を受けているとわかることから起こるポジティブな感情であると考えられます。

イギリスのクリーブ（B. G. Cleave）は、最近の研究成果をふまえて、感謝の気持ちが強い人々の特徴として、以下の点をあげています[5]。
①感謝の気持ちのある人は、そうでない人に比べ、決断力があり、エネルギッシュで、進んで人助けをすること。喜びに満ちていて楽観的である。
②感謝の気持ちがあれば、ストレスを弱め、不安に襲《おそ》われたり、抑うつ的になることもない。沈み込む気分も少ない。孤独になることもない。
さらに、人生の満足度は、喜びや愛、希望、好奇心、感謝と強く関係していることもわかっています。中でも、感謝は、人生の満足度と最も強く関係していることが明らかになっています。

山梨英和大学の本多明生《あきお》准教授は、進化心理学（evolutionary psychology）の視点から、感謝の心について、人間の進化や適応の面から興味深い考察をおこなっています(6)。人間は、なぜここまで、進歩と発展を遂げることができたのか。それは、進化の過程で、人間が怒りや嫉妬《しっと》、憎しみの感情を抑えて、感謝の気持ちを持つことの大切さを学習してきたからだというのです。感謝の感情は、幸福感を味わっていく上で不可欠であること、そして、人間が社会をつくり、協力関係を維持していく上でも、とても重要な役割を果たしているのです。

近年の研究では、感謝の心がある人は、睡眠の質が高いことも明らかになっています。感謝の心が強い人は、布団の中でも、心地よい眠りにつくことができます。

人に感謝し、謝意を表すのは、男性よりも女性で高いこともわかっています。これは、皆さんも、経験的に、十分、納得のいくことではないでしょうか。女性のすごさは、感謝の気持ちに溢れている点にあります。周知のように、わが国の百歳以上の人口は、五万人を優《ゆう》に超えましたが、なんと、その九割近くが女性です。女性が長生きするのは、ひょっとしたら、この感謝の気持ちの強さが、大きく関係しているのかもしれません。

日記やノートに感謝の思いを綴る

クリーブは、感謝の気持ちを深め、持続していくために、ノートや日記に自分で工夫を凝らした書き込み欄を作り、感謝の気持ちを書き込むことを提案しています。(7)週末に、椅子やソファーに座り、コーヒーでも飲みながらリラックスした気分で、十五分ほどの時間を使って、一週間の出来事を思い出し、感謝の念が湧いてきた出来事を綴ってみてはどうかという訳《わけ》です。

書く内容は、周りをあっと言わせるような、大きな出来事である必要はありません。ただ、日々の生活の中であったささやかな出来事や出会いなど、ちょっとしたことに対する感謝の思いを綴ればいいのです。

「昨日は、娘が、満三歳の誕生日を迎えた。元気で誕生日を迎えられたことに心から感謝！」「いつも仕事を陰で支えてくれる後輩には、本当に頭が下がる」というように、一つでも二つでもいいのです。心からの感謝の気持ちを綴っていきます。

これを続けると、数週間から数カ月後には、ネガティブな考えに終始しがちだった自分が次第に影をひそめ、前向きな自分を発見できます。自分なりに工夫を凝らした独自の日記を考案することで、感謝の気持ちを言葉にする習慣が身についていくことでしょう。〝私の感謝日記〟(my gratitude journal)ともいうべきオリジナルな日記づくり――それはきっと、どんな高価な宝石にも勝《まさ》る、人生の最高の宝物となるに違いありません。

〝感謝〟は表現するもの

そして最も大切なこと。それは、感謝の気持ちは、自分の胸の中にそっとしまい込んでおくのではなく、相手に対して、具体的な言葉や振舞いをとおして、はっきりと伝えていくことです。感謝をかたちで表す努力が大事です。

かつて、あるご年配の方が、夫婦円満の秘訣を語ってくれたことがあります。夫と妻の関係を、いつまでも長続きさせるコツ――それは、いたって簡単。ご主人が、奥さんに対して、何かしてもらったら、「ありがとう」。何かがあったら、「ごめんなさい」。

この二つの言葉を、絶対に忘れることなく、はっきりと言い続けることだというのです。感謝と謝罪を口に出して表現することが、夫婦のあいだに溝《みぞ》をつくらない秘訣だという訳です。生活の中から絞り出されたご主人の知恵は、説得力があって、思わず笑いが込み上げてきます。

それは、ともかく、感謝の気持ちが間違いなく相手に伝わり、相手もまた、幸福感に浸ることができる魔法の言葉――それは、「ありがとう」と「嬉しい」の二つの言葉です。「本当にありがとう！　助かりました」「ありがとうございます。とても嬉しいです」「今までで、一番嬉しかったです！」というように、この二つの魔法の言葉を忘れずに、活用していくことです。これに素敵な笑顔が加われば、もうその人は、〝人生の達人〟です。

ちなみに、ペンシルベニア大学のセリグマン（M. E. P. Seligman）は、最近の研究の中で、次のような「感謝の訪問エクササイズ」を提案しています[8]。

ステップ1　頭に浮かんだ人に感謝の手紙を書く。

ステップ２　手紙の内容は八百字程度で、自分のために何をしてくれたのか、それが自分の人生にどのような影響を与えたのかを具体的に書く。

ステップ３　その人に電話で訪問したいと伝える。

ステップ４　訪ねて手紙を読み上げ、互いの気持ちを話し合う。

皆さんも、ぜひ、実践してみてはいかがでしょう。感謝の心があると、心が豊かになり、人間関係にもよい影響を与えます。物事に対する見方も前向きになり、意欲が湧いてきます。そして、心からの感謝の気持ちを表すことで、相手もまた、幸せな気持ちに浸ることができます。〝感謝の心は世界を変える〟といっても、決して言い過ぎではありません。

Part 6

気持ちの〝切り換え〟が人生を決める！

皆さんは、欲しいものが手に入らず、やむを得ずあきらめた経験がありますか。

「毎日が、あきらめの連続ですよ」という方もおられるかもしれません。人生は、「あきらめ」という心のはたらきや行動と、隣り合わせであるといっていいかもしれません。あきらめなくして、人生は語れないといってもいいでしょう。どうしても欲しい楽器があるのだが、お金がないからあきらめたという方もおられるでしょう。言うに言えない事情で、大好きな恋人との別れを経験するのも、あきらめにほかなりません。

予期せぬ台風の到来で、収穫を断念せざるを得なかった農家の方もおられるに違いありません。このように、私たちの人生には、あきらめるという決断を迫られることが幾度となくあります。

二つの〝あきらめ〟

中部学院大学の大橋明さんは、「あきらめ」について研究を進めていますが、あきらめには、大きく二つの面があるといいます(9)。一つは、怒りや恨み、悩みや挫折《ざせつ》、敗北感、苦痛やむなしさ、現実を認めたくないといった感情と深く関係している「あきらめ」です。これは、失ったもの、あるいは、失うであろう対象とのあいだに生じる、一種の〝もがき〟の状態であるといえます。「あきらめ」の持つネガティブな面です。

これに対して、今一つの「あきらめ」は、目の前の現実とのあいだに、何とか、うまく折り合いをつけていこうとする「あきらめ」です。これは、「あきらめ」の持つ、ポジティブな側面であると考えられます。

千葉大学の浅野憲一さんは、「あきらめ」を、「わりきり」という言葉に置き換えることで、私たちの「わりきり」の程度を測る質問紙の作成をおこなっています(10)。その際、「わりきり」には、次のような二つの性質があると考えました。

一つ目の性質は、少々、難しい言葉ですが、「対処の限界性認知」と名づけました。

現実の壁や困難に出くわしたときに、限界がわかっていて、こだわっていても埒《らち》があかないと考えて、わりきろうとすることです。「自分の限界を超えるようなことはあきらめたほうがいい」「自分にできることはかぎられている」といった、考えにいたることです。やや消極的なわりきり方であるといっていいでしょう。

今一つの性質は、「わりきりの有効性認知」と呼ばれるものです。わりきることそのものに意味がある、わりきることに価値や意義があるとみなすことです。

「考え込むより、わりきって次に進もう」「わりきることで、問題が早く解決する」「わりきることで、また頑張れる」と考えてみることです。こちらのほうは、ポジティブなわりきり方であるといえます。創価大学大学院の修了生である松元大地さんは、こうした「わりきり」についての考え方を参考にして、「わりきり」志向の特徴を、「諦め（あきらめ）」と、「明《あき》らめ（切り換え）」という二つの面から見直すことで、「わりきり」の程度を測る新しい質問紙を作成しています(11)。

このうち、「諦め（あきらめ）」を測る質問には、次のようなものがあります。

○「努力しても、成し遂げられないだろう」

○「自分にできることなど、かぎられている」
○「期待するような結果は見込めないと思う」
これらの質問内容からわかるように、これは、断念するという性質のあきらめであるといっていいでしょう。同じ「わりきり」でも、消極的なわりきり方であると考えられます。〝諦め〟という漢字がピッタリのわりきり方です。

これに対して、今一つの「明らめ（切り換え）」の程度を測る質問には、次のようなものが含まれています。
○「そのままの気持ちで損をするよりは、切り換えたほうがよい」
○「今、できることをやろう」
○「ずっとそこにとどまるよりは、別のやり方を見つける」
これらは、単なる断念という意味でのあきらめではなく、同じわりきりでも、前向きなわりきり方であると考えられます。つまり、〝明らめ〟という漢字がピッタリのわりきりであるといえるでしょう。

〝明らめる〟という言葉には、元来、物事をはっきりさせるという意味があります。

したがって、こちらのわりきりは、現状に踏みとどまるのではなく、先を見据《みす》えた上で、わりきりの肯定的な面や目的が、明確になっている性質のものであると考えられます。

〝明らめ〟は、楽観主義に通じる

松元さんは、前述の二つの「わりきり」志向が、楽観主義とどのように関係しているのかについて、大学生約四百人を調査対象にして調べました。その結果、わかったことは、次の二つです。

一つは、現実の課題と向き合ったときに、努力しても、期待するような結果は得られないだろうと考える、「諦め（あきらめ）」志向が強い大学生の特徴です。

「諦め」志向が強い学生は、楽観主義の特質である、①「しなやかなものの見方」②「現実に立ち向かう力」（意志や勇気）③「将来を見据える力」（未来志向）のすべての面で劣る傾向にありました。あきらめるという心は、楽観主義とは真逆のネガティブな思考とかかわっているのです。

これまでにも、放棄やあきらめが強いと社会的な活動が低下し、うつ状態が高まることを示唆《しさ》する研究もありましたが、松元さんの研究は、こうした過去の研究結果を支持するものでした。

二つ目にわかったこと。それは、気持ちを前向きに切り換えられる「明らめ（切り換え）」志向の強い学生の特徴です。「明らめ（切り換え）」志向の強い学生は、弱い学生に比べて、しなやかさや意志・勇気、未来志向といった楽観主義的な傾向が、明らかに強いことがわかりました。

明らめの強い人は、気持ちをうまく切り換え次の行動に移る、同じところにとどまることをしないで、新しいやり方を見つけるといった思考や行動が特徴的です。明らめは、単なる断念ではなく、同じわりきりでも、前向きなわりきり方であるといえます。明らめが顕著《けんちょ》な人は、新しい目標づくりや、代わりの目標を見つけ出すことに優れています。このタイプの人は、柔軟性があるので、ストレスも溜めにくい傾向にあります。

このように、あきらめやわりきりという思考や行動は、決して、単一なものではなく、幾つかの特徴があることがわかります。あきらめやわりきりは、一般的には、望ましくないイメージがつきまといがちですが、必ずしもそうではないことが、おわかりいただけたかと思います。

〝明らめ〟は、ポジティブな生き方と深くかかわっています。もちろん、〝諦め〟のような消極的で慎重な判断や見方も、時には大切です。しかし、総じて、〝諦める〟よりは〝明らめる〟ほうが、人生をより豊かに、潤いのあるものにしていくことができるといえるでしょう。

前向きなあきらめって、大事ですよ。皆さん、ぜひ〝明らめ〟の人生を！

Chapter 2

相手の心をつかむ 6つのヒント

Part 1

〝甘え上手〟で賢く生きよう

二〇二〇年の夏には、三十二回目のオリンピック（と第十六回パラリンピック）が東京で開催されます。一九六四年以来、実に五十六年ぶりのことです。六四年当時、私は、初々《ういうい》しい（?）中学生でした。当時、とりわけ私たちの関心を集めたのは〝東洋の魔女〟と呼ばれた、日本の女子バレーボールチームの活躍でした。東洋の魔女たちは、全五試合をとおして、落としたセットはわずかに一セットのみという圧倒的な強さで、見事、金メダルに輝いたのです。

ところで、最近、この東洋の魔女の一人だった選手の、その後の生き方を取材したある新聞記事が目にとまりました。[1] 彼女は、引退後、警察官のご主人と結婚しました。バレーボール一筋に生きてきた彼女にとって、結婚後の官舎住まいの生活は、家事やご近所づきあいなど、初めてのことばかりで、大きな不安と戸惑いを隠せなかったようです。

そんなある日のこと。官舎の窓から、ふと中庭を見ると、奥さんたちが、バレーボールのトス回しをしている姿が目に飛び込んできました。その光景を目にした彼女は、とっさに、「今行くしかない」と決めて、勇気をふりしぼって、奥さん方の輪の中に飛び込んだのです。それ以来、バレーボールの技術を教える代わりに、晩御飯のおかずの作り方を教わるなど、さまざま支援を仰ぐ中で、良好な奥さん同士のつきあいをスタートさせることができたというのです。

甘え上手は、〝助けられ上手〟

心理学では、私たちが問題を抱《かか》え込んで困っているときに、専門家や友だち、家族など、周りの助けや支援を仰ぐことを、「被援助志向性」と呼んでいます。私たちが、自分一人の力だけでは、解決が難しいと感じた場面や事態に出くわしたときに、必要な援助を周りの人に求めることです。

たとえば、お母さんがコンビニで働いているあいだは、おじいちゃんやおばあちゃんにうまく頼み込んで、わが子の面倒を見てもらうことが被援助志向性です。

学校でいえば、新任の先生が、わからないことやクラスの子どもたちのことで困っていたら、遠慮せずに、同僚や学年主任の先生、教頭先生、スクールカウンセラーなどにうまく助けを求めることをいいます。

被援助志向的な人は、自分一人の力で問題を処理しようとせずに、うまく周りの人の力や助けを借りてやりくりできる〝助けられ上手〟〝甘え上手〟の人だといえるでしょう。甘え上手の人は、一見すると、要領のいい人のように見えますが、決してそうではありません。むしろ、相手の援助をうまく求めることで、ストレスも解消され、大きく一歩前に踏み出すことが可能になります。

東洋の魔女と呼ばれたかつての金メダリストも、コートを離れて家庭に入れば、一人の主婦にほかなりません。主婦としてのストレスを溜《た》め込まずに、日々の生活に適応していくためには、近所のママ友とうまくコミュニケーションを取り、助けを求めていくことがとても大切になってきます。

赤ん坊は、この世に〝生〟を受けたときから、母親に甘えて成長します。〝甘え〟が適度に満たされるということは、人が成長を遂げる上できわめて大切です。甘えとは、相手との一体感を得ようとする感情のことにほかなりません。

元来、人間には、周りの人に依存し、甘えるという習性があります。つまり、無力な赤ちゃんが母親にすべてを依存して生きる乳児期にみられるように、相手に頼って、相手を信頼して、生きていきたいという「依存欲求」(need for dependence)を携《たずさ》えています。人間が人間らしく成長するためには、こうした甘えの感情や依存欲求が、適度に充足される必要があります。

子どものすねる、ひがむという行為は、甘えたいという感情が、親や教師など、周囲の人たちによって十分に満たされていないことから起こります。大人の場合も同じです。つきあっている異性や職場の上司を恨むという行為の背景には、甘えたい感情を、相手が受け入れてくれないことに対する怒りがあります。国や地域のあいだで起こる絶え間ない紛争も、その根っこは、こうした甘えの感情が十分に満たされないことに起因しているといえます。

甘え上手で、しなやかに生きよう

子どもにかぎらず、大人もまた、甘えの欲求や感情をうまく満たしていくことが、心の健康を維持していく上で大切になってきます。親子で学び遊べる場「リベルタ学舎」を主宰《しゅさい》する湯川カナさんは、「他力資本主義」という言葉を世に問うことで、昨今《さっこん》の私たちの生き方に警鐘《けいしょう》を鳴らしている一人です。(2)

他力資本主義とは、人は、他人が持っている力を資本にして、お互いに弱さを認め、補い合いながら生きていくべきだとする考え方のことです。他力資本主義は、脱自己責任の大切さを訴えています。世の中には、自分一人の力では、どうすることもできないことがたくさんあります。「人に助けを求めてはいけない」という自己責任論には、自《おの》ずと限界があります。人は、互いに欠点をさらけ出し、自分の弱いところを人に補ってもらって、生きていくことが大切なのです。

助けられ上手の人は、問題を一人で抱え込もうとするのではなく、相談相手をうまく見つけて、自分から心を開いて周囲のサポートを仰ぎ、相手にうまく甘えながら、しなやかに生きています。ストレスを溜め込まないためには、自分一人で悩まないこと、独《ひと》り相撲をとらないことです。

人には、誰しも弱点や短所があります。欠点のない人などいません。「自己開示」(self-disclosure) という言葉があります。自分の辛《つら》い感情や思い、弱さ、欠点、悩みを隠すことなく、相手に率直に語ることをいいます。自己開示の大きさは、相手との親密さの度合いによっても異なります。自己開示が苦手な人は、自己表現力に欠けるところがあります。被援助志向的で甘え上手な人は、自身の弱さを覆《おお》い隠すことなく、自然体で、周りにオープンにしていくことができます。自己開示をすると恥ずかしいという気持ちがあることも確かです。しかし、それ以上に、自己開示には、自分の気持ちが楽になるという良さがあります。心が軽やかになり、元気になります。

新米《しんまい》の先生でいえば、「私は、学級経営の力が未熟で困っています。教頭先生、ぜひ、子どもを静かにさせるコツを教えてください」というように、自《みずか》らの弱点を前面に出して、助けを求めることです。自分の欠点や悩みを伝えると、相手もまたそれに応じるかたちで自己開示を始め、不安や辛さを語り始めるものです。会社勤めの人や学校の先生も、お母さんも、一人で悩みを抱え込まずに、頑張り過ぎずに、時には、上司や同僚、保護者やボランティア、ママ友、祖父母に助け舟を出してもらうことが大事です。心を軽やかにする秘訣《ひけつ》は、自らのプライドというボタンをはずして、心をオープンにして相手に近づき、周りの援助をうまく仰いでいくことです。

私自身も、以前は、仕事を全部、一人で引き受け、抱え込み、対処しようとするタイプの人間でしたが、最近は、一人で仕事を背負い込むのではなく、できるかぎり、周りの方に分担してもらうように心がけています。そうすることで、仕事の量が減るだけでなく、気持ちも随分と軽くなります。

何よりも実感するのは、甘え上手になることで、相手と直接会って、顔と顔を合わせる機会や話をする時間が増え、相手に対する理解も深まります。甘え上手によって、互いの人間関係が深まり、信頼感が育《はぐく》まれるという大きな効果も期待できます。

〝Please help me.〟――行き詰《づ》まったときには、ちょっぴり勇気を出して、自分の心を開いて、自身の弱さをさらけ出して、甘え上手な人、助けられ上手な人に変身することを、ぜひおすすめします。

Part 2 〝ワン・ダウン〟で、相手の心をつかもう！

クッション言葉を活用しよう！

ここでは、人に対する上手な依頼や相談の仕方について考えてみましょう。自分が困っているときに、誰かにお願いをしたり、助けてもらおうとするときには、〝クッション言葉〟と呼ばれる言葉をちょっと添えてみると、効果はグーンとアップします。

クッション（cushion）とは、お尻や腰にあてる柔らかい座布団のこと。クッションは弾力性があるので、座り心地もよく、体の負担も和《やわ》らぎます。同様にクッション言葉とは、相手に対してお願いごとをしたり、相手からの依頼をうまく断るときに、初めに添えるソフトな言葉のことです。クッション言葉を使うことで、ともすれば、ぎくしゃくしがちな相手との関係も、上手に維持することができます。あたかも、座布団やクッションを利用して、体の痛みを和らげるのと同じような効果があります。

たとえば、宿泊客がホテルのフロントでチェックインをするときに、ホテルの従業員が、「ここに、ご署名をお願いできますでしょうか」とだけ言うよりは、「お手数ですが、こちらにご署名をお願いできますでしょうか」というように、少し言葉を添えることで、顧客の心をつかんで離さない対応が可能になります。

空港のカウンターで、キャンセル待ちをしている客に対して、航空会社の女性社員が、「本日は満席となっております」と言うよりは、「まことに申し訳《わけ》ありませんが、本日は、あいにく、満席となっております」と誠意を持って、丁重に、断りの意思を伝えたほうが、お客も納得するというものです。

「なんだ。それだったら、私もやっているわ！」と思われた方もおられるでしょう。依頼や断りの意思を伝えるときに、真心からの言葉を添えることで、相手に対する非礼を和らげることができます。うまくお願いや頼みごとをするためには、へりくだった言い回しではありますが、クッション言葉をうまく使うことです。クッション言葉の力を借りて、こちらの側の誠意を、しっかりと伝えていくことです。

ワン・ダウン・ポジションとは

丁寧《ていねい》な言葉づかいによる受け答えは、ワン・ダウン・ポジションと呼ばれています。相手より一段下がって、丁重に応対する発話のことです。たとえば、カウンセリングの場面では、自ら進んで相談する意欲に乏しい中高生や父親が、母親に無理やり、連れられて来ることがあります。そんなとき、中高生や父親にしてみれば、カウンセラーは、信頼できる対象とは程遠い〝招かれざる客〟のようなものです。ですから、カウンセラーは、相手より一段下がった立場で、丁寧に応対することで、あなたの味方であることを伝えようとします。これがワン・ダウン・ポジションといわれるものです。

ところで、スマートフォンを利用されている方であれば、アプリケーションソフトウェアの一つに、利用者の側の発話、すなわち、話し言葉を解析し、認識して、利用者の質問や問いかけに、音声で答えてくれるソフトがあることをご存じのことと思います。この携帯電話の発話解析によるアプリには、ワン・ダウン・ポジションでの音声による反応が、実にうまく盛り込まれていて、心が癒《いや》され、ほのぼのとした気持ちになります。

一例をあげますと、私が質問をして、満足のいく答えが返ってきたときに、私が再び、「ありがとうございました」とお礼の言葉を音声で返すと、スマートフォンからは、「喜んでいただけて、とても嬉《うれ》しいです」「お礼を言うのは私のほうですよ」といったやさしい言葉が、女性の声で返ってきて、思わず、心がなごみます。

また、別の質問への回答に対して、私が「ありがとう。感謝します」と肉声で返すと、「いえいえ、とんでもないです」「こちらこそありがとうございます」「喜んでいただくのが私の仕事ですから」といった温かな言葉が戻ってきて、清々《すがすが》しい気持ちになります。本物の人間を凌《しの》ぐやさしい反応を体感できて、ただただ驚くばかりです。現代人は、私も含めて、それだけ温かく思いやりのある言葉に飢えているといえるのかもしれません。

さまざまな日常生活の場面では、相手に対して、丁重な対応が求められる場合があります。そのような場面では、〝ワン・ダウン・ポジション〟で、こちらが一歩下がって、謙虚な姿勢で接していけば、誠意が伝わり、相手もきっと、さわやかな気持ちに包まれるに違いありません。

ワン・ダウン・ポジションで接することのできる人は、俗にいう〝腰の低い人〟だといえるでしょう。気づかいが旺盛《おうせい》な人です。〝実るほど頭《こうべ》を垂れる稲穂《いなほ》かな〟ということわざは、こうしたワン・ダウンのコミュニケーション力が、人間としての品格を表していることを、私たちに教えてくれています。

自分で自分のことを振り返ってみて、「自分は、他の人以上に、気づかいが旺盛だ」と確信できる方は、既に、ワン・ダウン・ポジションを実践されている方ですから、それ以上、努力しなくて結構です。むしろ、人が良過ぎるために、気をつかい、神経質になり過ぎて、ストレスを溜め込む可能性がありますから注意をしてください。反対に、「自分は気配りが足りない」と思われる方は、ワン・ダウンの接し方を参考にしてもらって、ぜひ、誠意溢《あふ》れる応対を心がけてください。

人から、ワン・ダウンで接してもらって、悪い気がする人などいません。特に、初対面の人や仕事で顧客に応対する際には、こうした心配りをぜひ忘れないようにしたいものです。

〝ワン・ダウン〟の言葉で、自身の人格を〝ワン・アップ！〟してみませんか？

Part 3

相手の短所を「地」にしよう

人間は、長所と短所の両方をあわせ持っています。ですが、なぜか、相手の短所に目を向けることは得意ですが、長所に目を向けるだけの器量や、人間としてのスケールの大きさは、なかなか持ち合わせていないようです。

ゲシュタルト心理学という考え方があります。目などの感覚器官をとおしてもたらされた情報をもとに、外界の対象や性質を把握することは「知覚」と呼ばれます。ゲシュタルト心理学は、この知覚にかかわる研究の分野の一つです。

ゲシュタルトというドイツ語は、馴染《なじ》みのない言葉ですが、一般に、「形態」（form）

と訳されています。〝かたち〟を意味する言葉です。

ゲシュタルト心理学の考え方を理解する上で、わかりやすい言葉が、「図」(figure)と「地」(ground)です。「図」とは、あるものに目をやったときに、注意が向いている部分、意識している部分のことです。これに対して、私たちの注意が向いていない部分、意識されていない部分のことを「地」といいます。

図2を見てください[3]。一般に、図地反転図形と呼ばれているものです。皆さんには何が見えますか。おそらく、五つの白い色のひし形が見えるのではないでしょうか。ひし形の部分が目に飛び込んできたとしたら、複数の白い部分が「図」ということになります。その場合、注意が向いていない周りの黒い部分は、「地」として背後に退《しりぞ》いています。そして、全体的に、まとまりのある構造をつくりあげているのです。

それでは、黒い部分に注意を向けてください。いかがですか。今度は、外に向かっている四つの太い矢印が見えるでしょうか。この場合は、黒い部分が「図」となり、反対に白い部分は「地」として後退することで、全体として、まとまりのある構造をつくり出しています。

相手の短所を「地」にしよう

これを、人間関係に置き換えて考えてみましょう。職場であれ、近隣であれ、人とのつきあいにおいては、どうしても相手の欠点に目がいきがちです。相手の横柄《おうへい》な言葉づかいや態度に腹を立てたりします。そのため、イライラが募《つの》り、人間関係がぎくしゃくし、うまく事が運ばないことがあります。

相手の長所に目を向けられるだけの、人間としての器の大きさや心のゆとりがあればいいのですが、それは、凡人である私たちにとっては、容易なことではありません。

そんなときは、まず、いったん、その場を離れるとか、時間を置いてみて、一人になれる場所や時間を確保し、呼吸を整え、心を落ち着かせて、クールダウンをすることが大切です。一人でコーヒーを飲んだり、屋外に出て新鮮な空気を吸うことで、気分転換を図ることです。冷静な自分を取り戻すことです。

もちろん、少し落ち着きを取り戻せたとしても、相手の長所を「図」にできるだけの心のゆとりなど、そう簡単には生じてこないでしょうが、相手の欠点を「地」とし

図2　図地反転図形

て引っ込めるくらいなら、何とかなりそうです。

冷静になって、相手の欠点に注意や意識を向け過ぎている自分を、ひとまず傍《かたわ》らに置いてみることが、クールダウンをはかるということです。相手の欠点を「地」として目の前から退け、気持ちを切り換えることです。こうした気持ちの切り換えをおこなうことで、半年先か一年先になるかはわかりませんが、時間の経過とともに、相手の長所を「図」にできる心のゆとりも生まれてくるものです。

家族の良さを「図」にしよう！

私は、授業で、学生に、①自分の長所を「図」にして三つノートに書き出し、自分への気づきを深めること、また、②ある人のことを頭に思い浮かべ、その人の長所を三つ書き出し、周りの人の長所を「図」にすることの大切さを伝えています。

普段、お父さんとの関係がうまくいっていない、二十歳になるある女子学生が、自分が実際にやってみた感想を次のように語ってくれたことがあります。

——授業で、ゲシュタルト心理学の「図」と「地」の話を聞いたあとのことです。大嫌いで、一緒にいるだけで怒りが込み上げてくる父のことが頭に浮かびました。しかし、父の良いところを「図」にできたら、怒りはおさまるかもしれないと考え、父親の長所をノートに書き出してみることにしました。怒りがあるものですから、最初は、父の良いところなど、なかなか頭に浮かんできませんでしたが、何とか頑張って、三つしぼり出してノートに書きました。

でも、三つ、父の良いところを書いただけでは、まだ怒りはおさまらなかったので、

「なぜ、それが良いところなのか?」「いつ、良いと感じたのか」など、いろいろと自分に問いかけながらノートに書き綴《つづ》っていくうちに、徐々に「父は、家族のために頑張ってくれているなあ」とか、自分が悪いことをしたような気持ちになってきました。そして、書き終わって読み直した頃には、怒り〇《ゼロ》パーセント、感謝の気持ちが一〇〇パーセントになりました。そして翌日、初めて感謝の気持ちを、口頭で父に伝えることができたというのです。

そのあと、彼女は「私が単純なだけなのかもしれませんが……」と前置きをした上で、実際に文字で書いて相手の長所を「図」にすることは、家族や友だちに対してイライラしたときにやってみると、感謝の気持ちも高まり、気持ちも少しずつ落ち着いてきて、とても良い実践方法だ、と語ってくれました。

ちなみに、この女子学生はその後、お父さん以外の家族全員の「良いところリスト」を作り、イラッとしたらいつでも見られるように、サイフと机の中にしまってあるそうです。やさしい娘さんで、家族は本当に幸せ者だと思います。

もちろん、すべての人が、この学生のように、相手の長所を「図」にしようとして振り返りをおこなったとしても、現実には、そうたやすく自身の気持ちを変えることなどできないかもしれません。

しかしながら、プロの写真家が、モデルや動物などの被写体に対して、さまざまな角度やアングルからカメラのレンズを向けるように、人と向き合う場合でも、いろいろな面から相手を見つめ、長所を発見していく努力を惜しまないことが、他者との息の長いつきあいを可能にしていくのです。

欠点は長所に通じる

それでは皆さん、図3を見てください。この絵は何に見えるでしょうか。立派なひげをはやした、おじさんの顔が見えるでしょうか。

では、本を一八〇度回転させてから、もう一度、絵を見てください。いかがですか?今度は、野球帽をかぶった、少年の顔が浮かび上がってきたでしょうか。

この絵のように、見方次第では、同じものが、別のものやかたちに見える絵は、「多

図3　多義図形

義図形」(ambiguous figure)と呼ばれます。いろんなものに見える曖昧《あいまい》な図のことです。

さて今、仮に「おじさんの顔」を人の短所だとしましょう。そして、本の向きを逆《さか》さまにしたときに浮かび上がってきた「少年の顔」を、私たちの長所だとしましょう。そう考えると、人の長所は、短所の裏返しであるということができます。

短所の中に長所は宿る――「人前に立つと、緊張して顔が赤くなる」という欠点は、見方を変えれば「嘘《うそ》をつけない、正直者」という長所に通じます。「引っ込み思案で、おとなしい」という短所は「何事にも慎重で思慮深い」という長所でもあるのです。

学生たちに、授業で、短所を長所に変えてみるという作業をさせますと、学生たちは、①「周りに流されやすい」という短所は「協調性がある」という長所でもある②「記憶力に欠ける」のは「過去を振り返らない」という長所に通じる③「衝動買いをする」という欠点は「それによって経済が活性化される」という良さを生み出す④「目が悪い」という短所は「見たくないものを見ずにすむ」という長所でもある⑤「足が短い」ということは、見方を変えれば「座高が高い」ということだ、というように面白おかしく綴っていました。

日々の人間関係を、人間的で潤《うるお》いのあるものにしていくためには、相手の短所も見方を変えれば長所にもなるという、しなやかな心で接していくことが大事です。とりわけ、人をまとめる立場にある人は、時には、「短所は長所に通じる」との広い心で、その人の持ち味を存分に発揮できるような環境づくりに努めてほしいと思います。

Part 4

〝聴く力〟は、寄り添う力

私の知り合いの、ある七十代のご婦人は、周囲の方々からとても親しまれています。周りの人は、このご婦人と一緒にいると心が安らぎ、元気になるといいます。皆、一様に、心が軽くなり、ついついいいろいろなことを話してしまうというのです。この婦人と時間を共にすると、なぜ、自然と心が癒されるのでしょうか。その理由は、どうやら、この婦人の〝聴き上手〟にあるようです。

私たちが、友だちや家族、カウンセラーなどに対して、悩みや不安を打ち明けるときには、相手に自分の気持ちをわかってほしいという強い思いや願望があります。ですから、今の自分の苦しみや辛さを、相手が真剣に受け止め、相づちを打って聞き入ってくれると、すごく心が落ち着き、楽になるのです。

相手の心音を聴く

相手が置かれている立場に、十分、理解を示した上で、相手の気持ちに寄り添うことを、「共感」（empathy）と呼んでいます。相手が体験している感情を、自分のことのように感じ、理解することです。相手の気持ちや感情を、相手の立場に立って感じることです。

相手がどのような〝心の枠組み〟で、何を思い、考えているのかを理解していくことが共感です。ここでいう心の枠組みとは、その人がいろんな考えにいたるときの基礎になっている骨格、フレームのようなものです。共感とは、自分が携えている〝心のフィルター〟で相手を見るのではなく、相手が持っている〝心のフィルター〟をとおして、相手を理解しようとすることです。

共感という相手の気持ちに寄り添う行為は、具体的には、相手の話に聴き入ること、すなわち、傾聴《けいちょう》（active listening）することから始まります。相手の話に心から聴き入ることです。傾聴の〝聴〟の字には、「広くきく」「まっすぐに耳を向けてききとる」

という意味があります。まっすぐに耳を向けるとは、相手の立場を尊重しつつ、相手と真摯《しんし》に向き合うということです。仏教的な視点でいえば、〝同苦すること〟、つまり、相手の悩みや苦しみを、自分のこととして受け止められることです。

実生活の場において、相手の思いや悩みに寄り添うということは生易《なまやさ》しいことではありません。精神科医やカウンセラーのような心の専門家にとっても、永遠の努力目標だといっていいでしょう。私自身も、仕事柄、相手に寄り添うということが、いかに大変で、困難を要することであるかということを、身をもって実感している一人です。

自分と他者とは、本来、まったく別の存在ですから、本当の意味で、共感するということなど、実際にはあり得ないことであるかもしれません。しかし、人間社会という寄り合いの世界を、真の共生社会にしていくためには、互いのことを知り、理解し合おうとする努力を怠《おこた》ってはならないと思います。共感的な営《いとな》みは、心の専門家であるないにかかわらず、人間らしさのある社会にしていく上で、互いの共通の目標でなくてはなりません。

人の話を聞くという行為は、一見、受け身的なことのように思えますが、実際は、たくさんのエネルギーを必要とします。傾聴は、active listeningという英語が示しているように、むしろアクティブで能動的、積極的な意味合いを持つ営みなのです。

最近では、傾聴ボランティア養成講座などで講習を受けた〝傾聴ボランティア〟と呼ばれる方々が、高齢者の話に聴き入る活動を積極的におこなっています。人は、人の話を聞くよりも、自分が話をするほうがはるかに満足度は大きいといいますから、面白いものです。高齢者の方々は、話に耳を傾けてもらうことで、孤独感や不安感を和らげ、心を癒すことができます。ボランティアの方にとっても、高齢者と過ごす時間は、かけがえのない人生の学びの場となります。

共感的かかわりのためのヒント

では、私たちが人とのあいだに共感的理解を可能にするためには、具体的に、どのような点に留意《りゅうい》する必要があるのでしょうか。その一つのヒントが、マイクロカウンセリング（micro-counselling）という考え方の中に、隠されています。

マイクロカウンセリングは、アメリカの心理学者アレン・E・アイビィ（Allen E. Ivey）が生みの親です。この理論は、日本マイクロカウンセリング学会の会長である福原眞知子さんによって日本に紹介され、今にいたっています[4]。microという英語は、macroに対する言葉で、微小、微量という意味があります。ここでは、小さなステップや段階、単位といった意味で理解してもらえればわかりやすいと思います。つまり、カウンセリングの技法は、小さなステップや段階を大切にしながら、徐々にレベルを上げていくことで、習得が可能になります。

人とのコミュニケーションや人間関係を潤いのあるものにしていくためには、受容的な態度で、共感的な理解を深めていくこと、つまり、相手の話を傾聴することにつきます。そして、相手とのあいだに、「ラポール」（rapport）、すなわち、信頼関係をつくりあげていくことです。

ここで、この共感や傾聴の基本的なプロセスを、マイクロカウンセリングの考え方をとおして考えてみましょう[5]。

一つ目は、「かかわり行動」の段階です。共感的な理解を可能にするために、聴き手の側が留意すべき点のことです。具体的には、①相手に視線を合わせる。話すときは相手と目を合わせる②相手の体や手足の動きなどに注意を向ける③相手の声の質（声の大きさやスピードなど）を知る④相手が話している内容を、無理やり、さえぎったりしないことです。

二つ目は、「閉じられた質問」と「開かれた質問」とをうまく使い分けること。閉じられた質問とは、「きょうは、お仕事は休んでこられたのですか?」というように、「はい」か「いいえ」で答えられる質問のことです。この形式の質問は答えやすいが、話がそれ以上発展しないという短所があります。これに対して、開かれた質問とは、「きょうは、お仕事はどうされたのですか?」というように、「はい」や「いいえ」では答えられない質問のことです。この種の質問は、話は発展しますが、こればかりだと相手は疲れてしまいます。

三つ目は、「はげまし」「言い換え」「要約」です。「はげまし」とは、相手の話に合わせてうなずくこと。首をゆっくりとたてに振ることです。「そうでしたか」「なるほど」「すごいですね」「とても勉強になります」などと、相づちを打つことです。「ええ」「ええ」……、「はい」「はい」……の繰り返しだけでは、相手は不快感をあらわにします。相手に嫌われたいのなら、「ええ」と「はい」を、無表情で繰り返せば簡単です。

「言い換え」とは、相手が発する言葉を、別の言葉で置き換えて、理解をしようとすることです。その場合、ちょっとした気づかいや心配りが、相手の喜びや嬉しさ、自信につながります。「私は気が小さくて……」と言う方に対して、「何事にも慎重なのですね」と言葉を置き換えてあげます。「どうも仕事が遅くて……」という方には、「丁寧に仕事をされている証拠です」と言葉を置き換えてあげることが、相手の心に寄り添う一歩につながります。

「要約」とは、相手の話のポイントを確認することです。相手の話が、少し長く続いたりした場合には、聴き手がその内容を簡潔にまとめて、相手に返してあげることです。

四つ目は、「感情の反映」。これは、今の相手の気持ちに焦点をあてながら、それを相手に返してあげることです。聴き手の側が、相手の感情に対して気づきを深め、それを相手に伝えていくことです。「本当にお辛いのですね」「それは悔《くや》しかったですね」

というように、相手の今の気持ちに、しっかりと注意を向けていくことです。こうした気づかいによって、相手は安心感を得ることができます。

相手の心に寄り添い、共感的なかかわりを可能にしていくためには、こうしたマイクロカウンセリングの考え方に学んでいきたいものです。謙虚な〝学び〟の中にこそ、共感への第一歩があるように思います。

Part 5 リーダーとしての〝3つの心得〟

皆さんは、山梨県南都留《つる》郡道志《どうし》村のことをご存じでしょうか。道志村は、山梨県の南東に位置し、面積八十平方キロメートル、人口千八百人ほどの村です。道志村は、明治の終わりに、教育者・牧口常三郎先生が、民俗学者・柳田《やなぎた》国男と共に、農村調査に訪れた地として知られています。現在、この道志村にある「水源の郷《さと》・やまゆりセンター」の敷地には、道志村教育委員会の建物と共に、柳田国男と牧口先生の足跡をとどめる石碑が建てられています。

昭和五年、『創価教育学体系』発刊の折に、柳田は、「創価教育学の基礎としての農村研究」という一文を寄稿しています。その冒頭で、「明治四十二年の春、牧口君が文部属《もんぶぞく》として小学地理編纂《へんさん》に従事して居た頃、即ち私が法制局参事官の時代、同行して甲州南都留郡道志村を踏査《とうさ》したことがあった」(6)と、当時の道志村を視察した様子を記しています。当時の道志村は、電報を打っても、三日もかかる山間部であったにもかかわらず、道志川周辺の豊かな美しい自然は、柳田にとって、脳裡《のうり》から離れることはなかったようです。

心と心が結ばれる社会に

地理学者でもあった牧口先生は、山村にかぎらず、若い頃から、郷土の暮らしや人々の生活に強い関心を寄せていました。牧口先生は、『創価教育学体系』の中で、社会は単に人が群れて集まっている場ではなく、「精神的の結合体」であり、「共同生活」の場、「共同親和の生活」の場でなくてはならないと述べています。[6] 本来、社会のあるべき姿とは、人々の心と心が結ばれ、つながり合う場、互いに助け合い、寄り添う場でなくてはならないというのです。

その一つの例として、牧口先生は、子どもたちの学校生活を例にあげています。子どもたちは、学校生活の大半を教室で過ごします。普段の学級生活では、皆、一人一人の友だちのことなどほとんど気にかけることはありません。しかし、何かの理由で友だちが学校を休んで、普段座っているはずの席にいないことに気づくと、たちまちクラスで話題になり、きょうにかぎっていないのは「病気になったのではないか？」「何かあったのだろうか？」と心配し、気にかけるというのです。

このように何か友だちに変化があったときには、学級がまとまり子どもたちの心が一つになるように、本来、社会には互いを思いやるはたらきがあり、人々がそうした目に見えない強い力によって結ばれている面があるというのです。もとより、社会には、互いに競い合い、しのぎを削るという面もあります。しかし、牧口先生は、人々が互いに助け合って生活をし、心と心が一つにつながっていることが、本来の社会のあるべき姿でなくてはならないとしています。

その1 他人の長所を見つける！

では、互いの心と心が通い合う「共同親和の生活」の場、すなわち、互いを気づかい、思いやりのある社会生活にしていくためには、人々とのかかわりの面で、どのような心がけや工夫が必要なのでしょうか。

牧口先生は、以下の三つの点が大切であるとしています。第一に、一人一人が、他人の長所を見つけ出せる存在になること。親和的な社会をつくりあげていくためには、まず、相手の良さを素直に認められるだけの、人間としての器の大きさが不可欠であるというのです。潤いのある人間関係を可能にするための第一歩は、周りの人々の生き方を尊重し、相手から多くのことを学ぼうとする謙虚な姿勢を持ち続けることです。

相手の努力や能力、長所を率直に認め、称《たた》え、尊敬していくことが、麗《うるわ》しい組織や社会を現実のものにしていく上で、欠くことのできない条件です。

しかし、相手の長所を見つけ称えるということは、やさしいようで、実はとても難しいことです。ですから、そのためにはさまざまな工夫が必要になってきます。

皆さんは、〝グッド・ジョブ・カード〟というカードのことをご存じでしょうか。グッド・ジョブ・カードのgood jobとは、文字どおり、〝良い仕事〟という意味です。意訳をすれば、〝お仕事、ご苦労様！〟というような意味になるかと思います。

グッド・ジョブ・カード（お仕事・ご苦労様カード）とは、社内の新入社員や後輩、同僚に対して、仕事内容や態度の面で、「〇〇さんへ　〇〇さんのきょうのお客さんへの応対は、笑顔に溢れていて、教えられることがたくさんありました」というように、相手の「良かった点」を具体的に書いて、社内に用意された箱の中に入れるというものです。箱の中に入れられたカードは、後日、上司から、直接、本人に手渡されます。

企業の中には、接客態度の向上を目指して、グッド・ジョブ・カードを活用することで、社員同士が互いの良さを発見し、互いの存在や能力を、肯定的に評価し合うという慣習を積極的に取り入れているところもあります。こうした試みは、社員の意欲を高めるだけでなく、他者に対する思いやりやいたわりの心を育んでいく上で有効です。相手の長所を認め、評価するということは、相手の成長をうながし、親和的な社会や組織にしていく上で大切なことです。

その2　自分の欠点を知る！

そして、集団生活の中で、潤いのある人間関係を可能にするために、牧口先生が強調している二つ目の点は、〝自分の欠点を知る〟ということです。

良い人間関係にしていくためには、まず、何よりも自らの短所を自覚していること、誰よりも〝己《おのれ》を知っていること〟が、人とのあいだに良い関係を維持していく上で大事だというのです。「気配りや気づかいに欠けるところがある」「笑顔が少ない」「怒りっぽい性格である」というように、自分のマイナス面をしっかりと自覚してかかることが、人とのつきあいの第一歩であるという訳です（Chapter 1 - 2参照）。

その上で、大事なことは、自己否定的にならないことだと、牧口先生はいいます。つまり、欠点があるからといって、自分を責めないことが大切だというのです。自分を責めるということは、沈み込み、落ち込んでいる心を、より一層増幅させるということにほかなりません。

自分の弱点と正面から向き合う努力を怠らないこと、だからといって、〝I am not OK.〟へと自分を追い込まないこと——。こうした視点は、周囲の人々とうまく交わっていくための条件だけでなく、自らの心の健康を維持していく上でもきわめて大切です。まさに、牧口先生は、名心理学者であるといっても過言ではないように思います。

その3　相手の長所を生かして、自分の短所を補う

人間関係を豊かなものにしていく上で、今一つ、牧口先生が指摘している点は、他人の長所をうまく生かして、自分の短所を補っていくということです。家庭や職場、地域という生活の場を、活力に溢れ、潤いのあるものにしていくためには、他人が携

えている魅力や能力、資質をうまく活用していくことが大事だ、というのです。

こうした牧口先生の視点は、リーダーとしての重要な要件の一つであるともいえるでしょう。人心《じんしん》をつかんで離さないというのは、このことをいうのです。企業や学校、地域、いずれの組織のリーダーであれ、リーダーとしての完璧《かんぺき》な才能を持ち合わせている人など、誰もいません。組織を活性化させ、発展させていくためには、リーダー個人の力だけでは、自ずと限界があります。

そのためには、まずリーダー自ら、自分にはない、組織の構成員一人一人の長所や能力を適切に把握し、個人の才能をいかんなく発揮できるように仕向けていくことが重要です。自分以外の人々の力をうまく借りて、活用していくことは、リーダーとしての重要な要因なのです。

優れたリーダーは、部下の長所を知り尽くした上で、うまく相手をほめ称えることで、やる気や意欲をうまく引き出していきます。そうしたかかわりが、リーダー自身に欠けている点を補い、帳消しにしていくのです。

①他人の長所を見つける、②自分の欠点を知る、③相手の長所を生かして、自身の

短所を補う――とりわけ、人の上に立つ人は、これらの三つの点に真摯に耳を傾け、実践に移してほしいと思います。

Part 6 顧客の満足度を高める秘術

皆さんは、フロイト（S. Freud）という人物をご存じですか。「精神分析」(psychoanalysis) の創始者として世に知られる精神科医です。十九世紀後半から二十世紀にかけて、ヨーロッパを舞台に活躍しました。

彼は、三十歳で開業してから、八十三歳で亡くなるまで、日曜日と夏休みを除き、早朝から夕方まで、多いときで一日十人以上の患者の話に耳を傾け、治療にあたりました。そして、夜の九時頃から真夜中の一時、二時まで、論文や本を執筆しました。(7)

私たちがフロイトから学ぶべきことは、全二十四巻に及ぶフロイト著作集と、数千通に及ぶ手紙を収めた書簡集にみられる優れた理論や業績は、単なる机の上の思索から生まれたものではないということです。患者に対する治療、つまり、臨床経験をとおして、常に人間と向き合うことで誕生したという事実です。

『創価教育学体系』という牧口常三郎先生の偉大な業績もまた、長年にわたる小学校での教員生活をとおして、子どもたちと直《じか》に触れ合うという経験の中から誕生しました。フロイトも牧口先生も、自ら臨床現場や教育現場に身を置き、人と会い、人と向き合うことを誰よりも大切にしてきたからこそ、その中から紡《つむ》ぎ出された理論には、私たちを、〝なるほど〟とうならせる説得力があります。

困難を伴う三つの職業

ところで、わが国の精神分析学の第一人者である土居健郎《たけお》さんによれば、このフロイトが、世の中で最も困難を要する職業としてあげたものが三つあるとされています(8)。

フロイトがあげた困難を伴《ともな》う職業の一つ目――。それは「教育」です。教育をとおして、子どもは、さまざまな知識を獲得することで、健全な心の発達を遂げていきます。教育で大切なことは、幼児期から児童期にかけて、基礎学力や基本的な生活習慣をきちんと身につけさせることです。親や教師が責任を持って、子どもの人格の基礎や骨格をつくりあげていくためには、大変な時間と責任、そして苦労が伴います。

フロイトがあげた、困難を要する二つ目の職業が「医療」です。中でも、フロイト自身が携わった心の治療、すなわち、人々の心の回復への支援は、容易なことではありません。心の治療は、心に何らかの支障がある場合に、それらを取り除き、正常な機能の回復を助ける営みです。

土居健郎さんは、甘え理論の第一人者として知られていますが、心の治療は、「甘え」という言葉を借りるならば、私たちの心の中に隠れた甘えを掘り起こす作業です。うまく甘えを出せない人は、すねたり、ひがんだりする傾向にあります。家庭や学校でも、甘えない子どもは、教育の面でもかかわり方が難しいといえます。

心の治療は、心の回復を支援する営みですから、時間を要します。一人一人に寄り添うためには、きめ細かな対応が求められます。その意味では、心の治療という仕事もまた、大きな困難を伴います。

そして、フロイトがあげた困難を要する三つ目の仕事——それは「政治」です。人々が安心できる暮らしと平和な社会を実現していくこともまた、至難《しなん》の業《わざ》です。政治家という職業は、大勢の人々と向き合っていかなければならない仕事です。たくさんの人の声に耳を傾け、要望を受け止めながら、〝まるく治める〟という調整力やバランス感覚が、何よりも強く求められます。

井戸塀《いどべい》議員という言葉があります。政治の世界ではたらき、私財を投じた結果、最後は、自分の家の井戸と塀しか残らなかったという意味で用いられます。こうした言葉が教えてくれているように、政治という職業もまた、多くの困難を伴います。

余談になりますが、明治、大正、昭和の時代を生き、日本の議会政治の黎明《れいめい》期から、戦後にいたるまで衆議院議員を務め、〝憲政の父〟とうたわれた政治家に、尾崎咢堂《がくどう》（行雄）がいます。東京市長在任中には、アメリカのワシントンD．C．に、二千本のソメイヨシノを贈ったことでよく知られています。

この尾崎咢堂が、「愛国心で行き止まりになっている日本人の道徳観を、もう一歩進めて、国境を越えた人類愛の境地にまで伸ばしていくことだ」という言葉を残しています。(9) 国民の生活を預かる国の政治には、各国との外交の面でもさまざまな困難が伴うことも確かですが、今の政治家にも、咢堂のように、大所高所から、国の役割を俯瞰《ふかん》できるしなやかな資質と大きな気概を持って、仕事をしてもらいたいものです。

誠意という武器を携えて!

フロイトは、教育、医療、政治が困難を要する仕事だと考えました。これらの三つの職業に、共通していること——。それは、一つには、対象となる人々の裾野《すその》が広いということです。人間全体を対象にしているといっていいかもしれません。

教育という仕事は、幼児から児童、中高校生や大学生にいたるまで、あらゆる成長段階の子どもを対象にしています。保護者ともかかわりの深い職業です。心の治療もまた、多様な年齢の人々と向き合っていく職業です。ケースによっては、家族とかかわりを持つこともあります。心の治療に関することは、あらゆる人々の生き方とかかわってくる問題でもあります。政治家という職業もまた、国民全体を対象にしているという点では、対象に大きな広がりがあります。

第二に、教師も医師も政治家も、対象となる人とのかかわりは、時間的な面でも、長期間に及ぶということがあげられます。教師は、子どもたちと長く向き合う仕事です。精神科医も、ケースによっては、患者と長く向き合います。政治家もまた、地域の住民と長くかかわりを持って仕事をしていくことが求められます。

もちろん、これら三つの仕事にかぎらず、あらゆる職業は、人間関係を抜きにして語ることはできません。買い物客と店員、ツアーの参加者と添乗員、観客と舞台俳優、市民と公務員というように、あらゆる職業は、人と人との結びつきで成り立っています。その意味では、どのような職業に携わっている人であれ、顧客や利用者の心をつかむ秘訣は、〝誠意〟の二字につきると思います。企業や市場、医療であれ、人が心から満足するのは、仕事に携わる人の誠意を肌で感じたときです。

店内をきれいにする、技術に磨きをかける、商品の質を高めるといった努力も、もちろん、大切であることに違いはありません。しかし、そうした努力が実を結ぶためには、仕事に携わる人々が、①飛び切りの笑顔、②さわやかな挨拶《あいさつ》、③丁重な態度や言葉づかい、④こまやかな心配りをとおして、誠意がビンビンと伝わってくるような応対をする努力を怠らないことです。

仕事をやりがいのあるものにしていくためには、〝誠意〟という武器を携えて、顧客や利用者とのあいだに、確かな信頼関係を築いていくことが不可欠です。母親が子どもを愛してやまないように、あらゆる職業の生命線は、徹して、一人の人を大切にするという点につきるといえます。山あいでのこだまのように、相手の期待や願いに対して、〝誠意〟と〝信頼〟で応える努力を惜しまないこと――。そのことが、働き手にプロとしての誇りを与え、仕事をやりがいのあるものにしていくのです。

Chapter 3

幸せを実感できる ６つのヒント

Part 1

〝心動かされる出会い〟を大切にしよう！

動物にはない、人間だけが持ち合わせている、人間らしさを象徴するもの――それは、〝祈り〟〝笑顔〟〝感謝の心〟そして〝感動の心〟です。

人々の幸せを願う祈りという行為は、人間だけにそなわった共感的営《いとな》みの原点であるといっていいでしょう。笑顔もまた、人間のやさしさの象徴であり、人間だけに与えられたかけがえのない資質です。最も質の高いコミュニケーション能力です。感謝の心は、人間の進化の証《あかし》――感謝は、人間を磨き、人間をつくり、人間を大きくしていく秘薬です（Chapter 1‐5参照）。

そして、もう一つの人間だけが味わうことのできる醍醐味《だいごみ》――それが、「感動」という心の躍動感です。

心理学からみた「感動」の種類

私たち人間が持つ、感動という心のメカニズムとその意味について、考えてみましょう。感動という人生の醍醐味や味わいは、どのようにしてもたらされるのでしょうか。そのメカニズムは、まだ十分に明らかにされていません。東洋大学の戸《と》梶《かじ》亜《あ》紀《き》彦《ひこ》教授は、感動の研究が立ち遅れている背景には、一つに、欧米には、日本語の「感動」を表す名詞的表現が存在しないのが一因ではないかと指摘しています[1]。その上で、専門的な言葉の中で、あえて感動に近い表現をあげるとすれば、「審美的感情」(aesthetic emotion)と、感動が呼び起こされるプロセスとしての「共感」であると述べています。私は、これらの言葉に、「感謝」の感情を加えておきたいと思います(Chapter 1-5参照)。

ところで、戸梶教授は、「感動」のタイプを、四つに分けて考察しています[1]。今ここで、わかりやすい言葉で説明してみましょう。一つ目は、〝喜びを伴《ともな》った感動〟です。「すごい、すごい！」「やったあ！」というような喜びを伴う感動には、出合ったものに、ポジティブなことがらやストーリー、文脈があることが特徴です。この種の感動は、スポーツ競技や映画、ドラマなどをとおして喚起《かんき》されます。

二〇一四年、ソチの冬季オリンピックのスキージャンプ競技で、〝熱きレジェンド〟といわれた葛西紀明《かさいのりあき》選手が、最年長の四十一歳で、個人戦初となる銀メダルを獲得したとき、私たちは大きな感動に包まれました。それは、かつてのリレハンメルのラージヒル団体戦で、他の選手の失速により目前の金メダルを逃したこと、そして、長野オリンピックで、日本が団体戦で金メダルを獲得するも、葛西選手は代表メンバーから外されていたことなど、彼がこれまで、さまざまな苦労をしてきたことを知っていたからです。

〝喜びを伴った感動〟が喚起されるためには、目標の達成だけでなく、そこにいたるまでの苦労や努力のプロセスが大きな意味を持っています。

二つ目は、〝悲しみを伴った感動〟です。これはドラマや映画の中で、ヒーローやヒロインが、さまざまな事情でやむなく引き裂かれ、悲しい別れを経験するといった悲劇の場面に接したときに喚起されます。この場合、視聴者は、悲しい出来事を、客観的に受け止められる状態にあるのが特徴です。

三つ目は、〝驚きを伴った感動〟です。日常生活から離れて、ある日突然遭遇《そうぐう》したり、ふと気づいたことで起こる感動です。大自然の美しさや絵画、彫刻、音楽などの芸術に触れて、湧き起こってくる感動です。富士山の雄姿を目にして、「わあ、きれい！」と心動かされる体験。第九の演奏会に参加して、「本当に、素晴らしい演奏だった！」と振り返る体験がこのタイプの感動です。

そして、今一つのタイプが、〝尊敬を伴った感動〟です。このタイプの感動は、喜びや悲しみを伴った感動とも重複しますが、あえてその違いをいえば、評価という点で、〝尊敬〟を最も強く感じる場合に起こるものです。ある人が、普通では、考えられないような素晴らしいことをやり遂げた場合や、人並み外れた勇気や努力、人間性に対して生じる感動であるといえます。それは、前述の有名選手の活躍のように、日常生活とかけ離れたところだけで起こるのではありません。むしろ、身近にいる人の振舞いによって体験されるものです。

〝感動〟する心が、人生の充実感を生み出す

心動かされる出会いは、日々、私たちが心のアンテナを磨いていなければ、体験することはできません。尊敬を伴った感動は、立場や年齢を問わず、私たちが、常に相手から学ぼうとする姿勢から生まれてくるものです。尊敬を伴った感動を味わえることほど、幸せなことはありません。

人知れず、黙々と努力をしている人や、真面目《まじめ》に一生懸命生きている人との出会いや交流によって、私たちは心を揺さぶられ、大きな充実感を得ることができます。

私は、仕事柄、卒業生や学生たちの頑張りに接するたびに、〝尊敬を伴う感動〟に包まれます。たとえば、休職をしてまで、母校の大学院に戻って研究に励んだ卒業生が何人もいます。また、六十代の壮年や婦人、大学の教育理念に賛同した海外からの留学生たちが、大学で熱心に勉学に励んでいる姿に接すると、私のほうが多くのことを教わっているようで、感動の毎日です。

つい先日も、自《みずか》らも震災で大きな被害に遭《あ》ったある通教生が、地元・東北の子ども

たちのために、何としてでも教師になりたいとの強い思いで、時間をこじあけて、週末の教職の対策講座に参加していました。真面目に、黙々と努力を重ねている学生の姿は、尊敬の念とともに〝感動〟という心の充実感を与えてくれます。

子どもの懸命な生き方に学ぼう！

大人にかぎらず、毎日を懸命に生きている子どもたちとの出会いもまた、私たちの心を歓喜させ、人生を潤《うるお》いのあるものにしてくれます。

絵手紙をとおして、小学生の指導をおこなっておられる校長先生から、次のような感動的なお話をうかがいました。絵手紙とは、はがきの裏に、花や野菜、物や風景などの絵を自分で描き、色を塗って、そこに短く、自筆で言葉を添えるというものです。

この校長先生は、小学生の教育に、絵手紙の制作を取り入れることで、子どもの心の成長を支援しておられます。ある日のこと、発達障がいを抱《かか》え、学習面で遅れのある小学三年生の男の子が、家から持ってきたジャガイモを、はがきに書き写し始めました。描き始めて、三十分ほどたった頃、丁寧《ていねい》に絵の具で色づけをした、とても可愛《かわい》らしいジャガイモの絵ができあがりました。

その直後のことです。この男の子は、ジャガイモの絵の横に、たった三文字でしたが、しかし力強い筆づかいで、〝生きる〟と言葉を書き添えたのでした。そして、そのはがきを家に持ち帰って、お母さんにプレゼントしたというのです。前を向いて懸命に生きる子どもたちの姿から、感動的な学びが得られることも、教育の醍醐味です。

かつて、特別支援学校の中学部に勤務していた松尾義広先生が、重度の脳性まひのまさお君との感動的な出会いについて、語ってくれたことがあります(2)。

まさお君の場合、歩行はできません。食事もミキサー食。排泄《はいせつ》もおむつ使用で全介助を必要としました。言葉も発することはできません。しかし、心の中で、考えることのできる「内言語」(inner speech)は持ち合わせていました。まさお君は、近くの療育センターから特別支援学校に通ってきますが、養育拒否をする親は、一度たりともセンターに面会に来ることはありませんでした。松尾先生は、小柄なまさお君を抱き上げては、よく散歩をしました。しかし、そのたびに〝よだれ〟の洗礼を受ける毎日です。松尾先生の顔や腕に、よだれをなすりつけてきます。

しかし、それは、松尾先生に対する、まさお君の最大の愛情表現でもありました。松尾先生は、こうしたまさお君が懸命に生きる姿や目いっぱいの愛情表現を、毎日、体当たりで受け止めていきました。すると、まさお君は精いっぱいの笑顔で応えようとします。まさお君の笑顔という宝物と出合えたときが、松尾先生にとって最高の幸せな気分に浸《ひた》れるひとときであったというのです。

松尾先生もまた、懸命に生きるまさお君の姿に心から感動し、人間として、多くのことを学び取っていたに違いありません。多くの人々との出会いによって喚起される、尊敬を伴う感動の味わいは、受け手の側の心のアンテナが、どれだけ磨かれているかによって決まるといえます。

感動という心の宝石は、私たちのごく身近な生活の中に存在します。しかし、私たちの〝心の鏡〟が曇っていては、どんなに素晴らしい出合いがあったとしても、それを受け止めることはできません。感動という〝心の宝石〟に出合えるかどうかは、私たちが心の鏡を磨く努力を怠《おこた》らずにいるかどうかにつきると思います。

Part 2
〝他者への関心〟を持ち続けよう！

オーストリア生まれのアドラー（A. Adler）は、フロイト、ユング（C. G. Jung）と並んで、ヨーロッパを代表する精神科医であり、心理学者です。

アドラーが唱えた「個人心理学」（individual psychology）は、その名前から、〝個人主義的〟で、〝私的なもの〟に偏向した心理学であるかのような印象を受けますが、実際はそうではありません。「個人」（individual）には、分けることができないもの、divideできないものという意味があります。つまり、人間（個人）は、本来、生身の血の通った分割できない存在であるというのです。

アドラーは、心理学は個人から始まると考えました。つまり、目の前にいる個の存在を尊重するというところから、彼の考え方は出発しています。しかしそれは、集団や社会を軽視するという意味ではありません。むしろ、個人は他者との関係性の中でつくられ、育《はぐく》まれるという考え方に立っています。

アドラーと「共同体感覚」

アドラー自身は、人間の悩みはすべて対人関係における悩みであると述べています。(3)そのことは、人間は人との関係を離れて存在しないこと、人とのあいだでしか生きていくことができないということを意味しています。

個人の存在は、他者の存在を前提としています。人は、初めから社会的な存在なのです。人は、生来《せいらい》、他者と共にあります。そのように考えますと、他者との関係を前向きにとらえていくことが、どうしても必要になってきます。

こうした視点に立って生まれたのが、「共同体感覚」(Gemeinschaftsgefühl)という言葉です。共同体感覚は、〝仲間〟とほぼ同じ意味を持つ言葉で、人と人とが結びついているという意味があります。人は一人では生きていくことができません。人は他者との関係の中においてのみ、人となることができます。

共同体感覚は、英語ではsocial interestという言葉があてがわれています。直訳しますと、〝社会的関心〟ということになるでしょうか。アドラー自身、執筆や研究活動以上に、人とかかわり、人と対話をすることを好んだようです。こうした考え方の背景には、第一次世界大戦の勃発《ぼっぱつ》が大きく関係しています。本来、地球上の人間は、皆、仲間であって、それが戦争によって打ち砕かれるようであってはなりません。

共同体感覚は、他者への関心や対人関係、社会に関心を寄せるということを、強く意識した言葉です。人に起こったことは、自分と無関係であるとみなさないことです。他者にふりかかってきたことは、自分にも関係があると思えることが、他者に関心を寄せるということにほかなりません。

昨今《さっこん》では、個人情報の保護などの問題が重なり合って、人と人との関係性が薄らいできているのが実情です。近隣に対して無関心を装うことも、めずらしいことではなくなりました。都会や地方に共通した現象です。

人に関心を寄せるということは、身勝手な個人主義を排し、相手のことを思いやる力を育んでいくことです。周りの人のことを気にかけることです。会社を辞める人がいたら、去る人の立場に思いを馳《は》せ、気を配ってあげることが他者に関心を寄せるということです。知人の誕生日をすべて手帳に書きとめ、その日が来るとお祝いのメッセージをメールで送る人がいます。亡くなった方の命日を、全部、書きとめ、命日がくるとその方の顔を思い浮かべ、仏壇に向かって冥福《めいふく》を祈っている方もいます。

小中学生が、あの子はひょっとしたら、いじめられているのではないかと友だちのことを心配する、勉強の苦手な子のことを気にかけてあげるのも、他者への関心を寄せるということにほかなりません。ご近所の一人暮らしの方に声をかけてあげるのも、他者に関心を寄せるということです。他者に関心を寄せるということは、きわめて人間らしい振舞いであり、本来の人間的な生活を取り戻していく上で、とても大切なことです。

三つの〝関係〟

生活とリハビリ研究所代表の三好春樹さんは、〝関係〟を後回しにしたら、人間は駄目《だめ》になるといいます。その上で、関係には〝家族的関係〟と〝社会的関係〟、そして〝自分自身との関係〟の三つがあることに言及しています。(4)

これまで、障がいや介護福祉の世界では、家族的関係だけを重視して、家族にケアをさせようとしてきた傾向にあります。しかし人間が生きていくためには、家族的関係と同時に社会的関係が維持されていること、そして、何よりも自分との関係、つまり、望ましい自己評価や自尊感情が大切であるというのです。

三好さんは、これらの三つの関係を、「関係＝家族的関係×社会的関係×自分自身との関係」という式で表しています。この式は、〝関係〟を、かけ算で表していますので、三つの関係のうち、どれか一つでもゼロになって、欠けてしまったならば、人間は駄目になることを意味しています。

介護を例にとってみますと、年配者の介護は家族だけがしていればいいといった家族的関係だけに特化した考え方ではなく、ヘルパーの方やデイケアセンターといった社会的関係も大事にして、ゼロにしないことです。年配者とご近所とのつながりがあれば、なお望ましいです。そして、何よりも大事なのが自分との関係です。過去から今にいたるまでの自分を受け入れられていること、つまり、自分自身との関係もゼロでないことが、とても重要になります。こうした関係論は、年配者にかぎらず、すべての人にあてはまります。関係というものを抜きにして、人間は語れないということを教えてくれていて、興味深いものがあります。

他者への関心を高める生き方を！

周りに関心を寄せる生き方を育んでいくためには、子どもの成長過程で、集団での諸活動をとおして、他者に関心を寄せることの醍醐味を肌で実感させることです。具体的には、学級で起こった問題を話し合い活動で解決するなど、クラスの皆が周りの友だちのことを気にかけ、関心を寄せることです。生徒会活動をとおして、清掃やいじめについて生徒が自主的に考えるということは、自分たちの行動に無関心であってはならないという心構えを、学校全体で育てることにつながります（Chapter 5-4参照）。体育祭や音楽祭で、クラスの仲間が練習や演目を共にすることで、子どもたちの連帯感や人間関係も深まります。小学校ですと、高学年の児童が入学式や始業式で、新一年生の手を引いて校内を案内するという経験は、年少者への思いやりを育んでいく上で、またとない機会です。

企業にあっても、たとえば、ボランティア活動をとおして、地域の人々と交流を図っていくことは、社員の人間的な成長をうながしていく上でも大切なことです。

朝、仕事始まりの三十分前に、社員みんなで分担して、近くの横断歩道で、小学生の登校の安全を見守っている企業があります。近隣の清掃を自主的におこなっている会社もあります。近くの中学校の部活の指導や出前授業を引き受けている企業もあります。あるIT企業は、週に一度、社員が老人ホームに出向き、年配者との交流の時間を持っています。

町会をはじめ、さまざまな地域での取り組みもまた、他者への関心を高める大切な活動です。こうした活動は、新たな自分を発見していく上でも、とても大きな意味があります。気持ちを切り換えられるという効果もあります。

アドラーは、人が、互いに共同して生きることの大切さを強調しました。人として大事なことは、他者への関心を絶やさないこと。それが人間として生きるということなのだと――。

人は、一人では生きていくことはできません。相互に協力し、励まし合うこと、皆で仕事を分かち合うこと、共に語ること、周りを気づかう心を持ち続けることが、人が人として、大きく成長できる条件なのです。

Part 3 "肌の温もり"が人を育てる！

最近の結婚披露宴は、内容や形式の面で、さまざまな工夫が凝《こ》らされていて参加者をなごませてくれます。かつて、ある結婚披露宴に招かれる機会がありました。披露宴が半ばにさしかかったときのことです。突然、臼《うす》と杵《きね》が用意されたかと思うと、司会者が両家のお父さんを呼び出し、一緒に餅《もち》つきをするようにうながしたのです。司会者にうながされて登場した両家のお父さんは、皆のかけ声に合わせて、一緒に餅つきを始めました。そして餅つきが終わると、これまた司会者の声かけで、その場でお互いに固く握手を交わされたのです。

その一部始終を見ていた私たちは、お父さんたちが握手をされる様子を見て、それだけで両家の心の距離が一気に縮まったようで、とても清々《すがすが》しい気持ちになりました。

情報を伝え、読み取る過程は、コミュニケーションと呼ばれます。その多くは、言葉を介しておこなわれます。友人と会って話をするときも、家族団らんのひとときも、言葉が重要なコミュニケーションのツールとなっています。私たちの生活は、言葉で情報を交換し、感情を分かち合うことで成り立っています。皆さんがマイクを手に持って、目の前の聴衆に向かって話しかけたとしたら、その場合も、言葉が情報やメッセージを伝えるための大切な手段になっています。

これに対して、言葉以外の手段で情報を読み取る過程は、「非言語的コミュニケーション」(nonverbal communication) と呼ばれます。たとえば、結婚式で祝辞を述べている主賓《しゅひん》は、原稿を持つ手が震《ふる》えていて、何だかとても緊張しているようだとか、学校から帰ってきた息子の顔色を見たお母さんが、即座に、「あっ、きょうは学校で何かあったな」と察知するのは、「非言語的シグナル」をキャッチしているからです。

非言語的なコミュニケーションの中でも、とりわけ、握手をする、さする、抱く、なでるといった接触行動は、前述の結婚式での心憎い演出のように、互いの交流を促進し、信頼の絆《きずな》を深めていく上できわめて重要な手段です。

ストロークが幸福感を育む

交流分析では、人が成長を遂げていく上で、なくてはならない〝心の栄養源〟のことを、「ストローク」と呼んでいます（Chapter 1 - 3参照）。植物が栄養分を補給して大きく育つように、私たちも心の栄養をたっぷりもらうことで、人間らしい人間へと成長していくことができます。

このストロークには、大きく三つの種類があります。一つ目は、抱っこをする、頬《ほお》ずりをする、頭をなでるといった身体的なストローク。二つ目は、ほめる、励ますなどの言語的なストロークです。そして三つ目は、そばに寄り添ってもらったりすることで得られる心理的なストロークです。これらのストロークをとおして、私たちは幸福感を味わい、心豊かな人間へと成長していきます。

愛撫《あいぶ》する、微笑《ほほえ》む、なでるといった身体的なストロークは、子どもにとっては、本当に気持ちがよく嬉《うれ》しいものです。こうした快感や喜びは、子どもが成長していく上でなくてはならない大切なストロークですから、「肯定的ストローク」と呼ばれます。中でも、お母さんがわが子をギュッと抱きしめる、満面に笑みを浮かべて頬ずりをするといった行為は、わが子の全人格を受け入れている行為ですから、「無条件の肯定的ストローク」と呼ばれます。

子どもとの身体的な接触が可能なのは、乳幼児期から、せいぜい児童期の前半くらいまでかもしれません。この時期を過ぎると、子どものほうから親を煙《けむ》たがって避けるようになります。ですから、親は、二度と取り戻すことのできないかけがえのない時間を、誰よりも大切にしてほしいと思います。

身体的なストロークをとおして、子どもは、親の温《ぬく》もりや愛情をいっぱい感じとって大きく成長していきます。体と体で触れ合った感覚は、生涯、忘れることはありません。おんぶをしてもらったときの母の肌の温もりや、お母さんと体をすり寄せて滑り台で遊んだこと、お父さんが肩車をしてくれたことや腕相撲をしてくれたことを、子どもはしっかりと記憶にとどめています。それは、子どもにとって、何ものにも代えがたい尊い宝物なのです。

かつて、ある青年が、仕事帰りで疲れているはずのお父さんが、帰宅するや否《いな》やネクタイをはずして、笑顔で相撲をとってくれたことが、今でも鮮明に、脳裡《のうり》に焼きついていますと、幼い頃の思い出を語ってくれたことがあります。愛情の込もったスキンシップは、子どもを一人前の大人へと成長させるのです。

心理学では、生後数カ月ほどの乳児とお母さんに代表される、特定の人とのあいだで生じる情愛的な絆のことを「愛着」(attachment)と呼んでいます。愛着には、本来、「人や物への思いを断ち切れないこと」(『広辞苑』岩波書店)という意味があります。特定のものから離れようとしないことです。幼い子が、お母さんにくっついて離れないこと自体、愛着が成立している証です。

お母さんとのあいだに愛着が形成されると、子どもは母親に対して、大きな信頼を寄せるようになります。つまり、お母さんは、いつでも自分を守ってくれる「安全基地」としての意味を持つようになったのです。母親という安全基地を持つと、子どもは安心して次第に親から離れ、他の友だちとのあいだに適切な人間関係をつくることができるようになります(5)。

ところで、「愛着」に関する研究として、よく知られているのが、ウィスコンシン大学のハーロー(H. F. Harlow)がおこなった実験です(6)。生まれてまもない子ザルを、母ザルから引き離し、針金と布製の両方の代理母がいる檻《おり》で育てました。別の子ザルは、針金の代理母からのみミルクが出る条件の下で育てました。ある子ザルは、布製の代理母からのみミルクが出る環境で育てました。

およそ二十五日間観察を続けた結果、どちらの環境で育てられたサルも、ミルクを飲んだあとは、布製の代理母のもとで過ごす時間が圧倒的に多かったのです。

実験ではまた、子ザルに恐怖を与える熊のぬいぐるみを檻の中に入れたところ、ここでも子ザルは、布製の代理母のところに逃げてしがみつくことが圧倒的に多かったのです。日数がたつほど、その傾向は強くなりました。研究から、子ザルの愛着が形成される過程では、授乳による欲求の充足以上に、ソフトマザーの存在が重要な意味を持っていることがわかります。つまり、愛着の形成には、親の肌の温もりややわらかさ、ふくよかさが強く関係しているのです。

大切な体をとおしての触れ合い

身体的ストロークは、親子での触れ合いにかぎらず、大人の場合にも、大きな意味があります。身体的ストロークは、大人同士の信頼や相互理解を確かなものにしていく上でも、欠かすことはできません。

お母さん方の集まりや地域の会合の場では、初対面の出席者同士の交流を深めるために、構成的グループエンカウンターというたくさんのエクササイズを用いて、お互いの心をほぐすことができます。

たとえば、「トントンもみもみ」というエクササイズは、二人一組でペアになり、ジャンケンをします。ジャンケンに負けたほうは、後ろから相手の肩をトントンしながら、「私は、○○と申します。△△から来ました。……」と相手に話しかけます。肩を揉《も》んでもらっている人は、「そうですか。よろしくお願いします」などと言葉を返します。質問はしません。その後、再びジャンケンをして、負けたほうがまた、相手の肩をトントンしながら話をするということを繰り返します。

肩をトントンするという身体的なストロークに合わせて、会話をすることで、あたかも冷たい氷が溶けていくように、初対面での緊張した人間関係も、次第にほぐれ、笑顔や笑い声が飛び交うようになります。

寝たきりの祖母の背中を、やさしくさすってあげる、祖父の手を引いて、散歩にでかけるといった介助も、かけがえのない身体的ストロークです。職場の後輩の背中をポンと叩いて気軽に話しかける、ご主人が、奥さんの肩を揉んであげるといった何気《なにげ》ない気づかいが、相手の心をなごませ、お互いが幸せな気持ちに浸ることができます。人と人とが、お互いに生きている実感や幸せを味わえるのが、身体的なストロークの持つ力なのでしょう。

こうした体をとおしての触れ合いに、心やさしい言葉かけ、すなわち、心温まる言語的なストロークが加われば、もうそれだけで、相手の心を鷲《わし》づかみできるに違いありません。

Part 4

〝笑顔〟は幸福へと誘う魔法

私たちの心をとらえて離さないもの――それは、〝笑顔〟という最高のおもてなしです。

〝笑顔〟（smile）や〝微笑み〟とよく似た人間の表情に、〝笑い〟（laughter）があります。笑いという言葉を耳にして頭に思い浮かぶのは、フランスの哲学者ベルクソン

(H. Bergson)の著作『笑い』です。この本では、喜劇的なものの意味や本質に鋭く迫っています。ベルクソンは、人間は「笑うことを心得ている動物である」[7]と指摘しています。また「(人間は)人を笑わせる動物である」[7]とも述べています。ベルクソンのいう〝おかしみ〟の表現としての笑いは、なぜ起こるのでしょうか。それは、おかしみを誘う対象の中に、何よりも人間的なもの、すなわち、人間臭さを見いだしているからです。

私たちは、大自然や景色に触れて〝笑う〟ということはありませんが、サルなどの動物のしぐさを見て笑うことがあるのは、そこに人間的な表情を読み取っているからです。

ベルクソンは、笑いは「われ関せずが、本来の環境である」[7]と述べています。たとえば、漫才師が、自分のこれまでの人生の失敗や過《あやま》ちを語るのを聞いて、私たちが大笑いするのは、漫才師が体験した過ちや失敗が、私たちの生活と無関係だからこそ、大笑いすることができるのです。

笑いの本質は、反響があることだとベルクソンはいいます。雷鳴が一度鳴ると、隣から隣へと鳴り響くように、笑いの本質は、それが周りに波及するところにあります。劇場で、観客がぎっしりと詰《つ》まっていればいるほど、観客の笑いは周りに果てしなく広がるというのです。これは、私自身、たくさんの講演やセミナーの担当をしてきて実感していることでもあります。「満席効果」とでもいうべき特徴が、笑いにはあります。会場が立錐《りっすい》の余地もないほど満席である場合と、そうでない場合とでは、笑いの波及効果は自《おの》ずと異なります。笑いには、人と人との結びつきや協調関係を生み出すというはたらきがあります。ですから、私が大勢の前で話をするときには、〝笑いを誘うこと〟を重視します。そのことで、会場全体の雰囲気が和《やわ》らぎ、一体感が生まれ、本当に伝えたいことが伝わるからです。

参加者が講演を聴いていて「とても素晴らしい話だった」と感想を述べたとすると、その話の内容には、必ず笑いがあります。それは、人が笑いを求めて生きていることの証です。ベルクソンのいう「笑うことを心得ている動物」は、何よりも〝滑稽《こっけい》さ〟や〝おかしさ〟を求めて生きているのです。笑いは、多くの研究が示唆《しさ》しているように、人間らしさや心の健康を維持していく上でなくてはならないものなのです。

〝笑顔〟の持つ意味

笑いも笑顔も、他の動物にはない、人間だけに与えられた特有の性質という点では共通しています。では、ベルクソンのいう〝おかしみ〟の表現としての笑いと笑顔とは、どのような点で違いがあるのでしょうか。

一般に、笑いには、おかしみや滑稽さといった言葉に象徴されるように、個人的な感情の表現といった意味合いが強いのに対して、笑顔は、他者とコミュニケーションをとるための一つの表現方法であると考えられます。また笑いは、一人でテレビを見ているときにも起こりますが、笑顔は、他者という対象との関係性の中で生じるものです。さらに、笑いは、舞台上でのコントなどのおかしみを誘う行為を、観客席の側から見つめることで生じるという点では、受動的な性質をそなえています。

これに対して、私たちがつくり出す笑顔は、相手の存在を意識して、自ら進んでつくろうとするという点では、きわめて能動的な営みであり、積極的なはたらきかけであると考えられます。社交辞令という意味での何となく不自然さを感じさせる笑顔も、相手とのコミュニケーションを維持するための能動的な営みです。人とのつながりを維持していくための大切なスキルだといえるでしょう。

心理学では、「パーソナリティ」(personality)という「人格」を表す言葉の語源は、ラテン語の「ペルソナ」(persona)であることはよく知られています。このペルソナには、元来、役者が舞台でつける「仮面」という意味があります。

役者が観客という存在を意識してつけるのがペルソナ(面)であるように、笑顔という表情も、文字どおり、他者という存在を意識したものであるといえます。つまり、笑顔という「非言語的シグナル」(nonverbal signal)は、他者とのつながりを、心と心が通い合ったものにしていく上で、なくてはならないものです。

この非言語的シグナルを代表する〝笑顔〟について、大手化粧品メーカーの資生堂がおこなった研究は、きわめて興味深いものがあります(8)。

この研究では、まず女性の顔を、素顔とメークを施《ほどこ》した顔に分けました。その上で、素顔とメーク顔のそれぞれに、〝スマイル(微笑み)〟の程度(度合い)を、八〇～一二〇%の段階に分けて加味することで、どの笑顔が最も魅力的で、また親しみやすいかについて検討をおこなったのです。

その結果、明らかになったこと——。それは、女性として最も魅力的な笑顔は、メークをしている顔で、かつ笑顔の度合いが八〇％のものでした。これに対して、最も親しみやすさを感じる笑顔は、素顔で、かつ笑顔の程度が一二〇％のものでした。メーク顔に適度なスマイルは、女性としての魅力をかき立て、素顔で満面の笑みを浮かべている女性は、人間として最も好感が持てるという訳《わけ》です。

〝笑顔〟は幸福へと誘う魔法

人間のやさしさの表れとしての笑顔は、人間だけに与えられたかけがえのない資質、能力です。笑顔は、人間らしさを最も象徴する非言語的表現です。笑顔は、私たちをこの上ない幸福感へと誘《いざな》ってくれる不思議な魔法です。周りの人々に、感動というそよ風を運んでくれます。温かい笑顔に出合うと、一日中、さわやかな気分に包まれます。

長年にわたり、営業職に従事していたある男性は、営業マンは、第一印象がすべてであるといいます(9)。そして、成績を伸ばす秘訣《ひけつ》は、①身だしなみ、②言葉づかい、③笑顔、④誠実な態度であると語っています。長い経験の中から紡《つむ》ぎ出された結論には、本当に重みがあります。この中でも、とりわけ、笑顔は、仕事の成否に、きわめて重要な影響をもたらすと考えられます。この四つは、すべての接客業に共通することです。

店員さんの素敵な笑顔に出合うとほっとします。心が温かくなります。満足感でいっぱいになります。何だか、一日中、得をした気分になって、心の底から嬉しさが込み上げてきます。店員さんの笑顔は、風呂上がりのときのような満足感に私たちを導いてくれます。ですから、接客業に携《たずさ》わる方々は、どんなに忙しいときでも、〝笑顔のプロフェッショナル〟であってほしいと思います。

子どもの教育という点からみますと、笑顔の中でも、お母さんや先生の笑顔は、子どもたちへの最高の贈り物です。学習心理学では、年老いるまで、半永久的に私たちの心に残り続ける思い出のことを、「長期記憶」(long-term memory)と呼んでいます。さまざまな出会いの中でも、とりわけ、笑顔というかけがえのない一コマは、たとえ一瞬であったとしても、忘れ得ぬ長期記憶となって、私たちの心に焼きついていくものです。私自身も、今は亡き父母や先輩の笑顔、大学時代の恩師の笑顔が、今なお、脳裡に深く焼きついています。

家庭や学校にあって、親や教師は、時には、子どもたちの心に、永遠に残り続ける飛び切りの笑顔で、日々、子どもたちとかかわっていきたいものです。私たち人間は、あらゆる動物の中で、笑顔が最もよく似合う存在なのですから——。

Part 5 〝いたわりの心〟を育てよう！

後を絶たない、いじめ——。いじめの本質は、水面下での人目につきにくい、潜在的なウラの暴力であるという点です。いじめに対処するためには、いじめ行為に及んだ子どもへの対症療法的な指導だけでは、自ずと限界があります。いじめに立ち向かうためには、子どもたちの自己肯定感を高め、攻撃心を抑止するための地道な教育実践が、何にも増して大切です。

フロイトは、攻撃性を、人間を破滅へと追いやる本能という意味で、「死の本能」(death instinct)と呼びました。攻撃性の特徴の一つは、それが外に向けられる点にあります。人に暴言を吐く、暴力を振るうというかたちで表面化します。これが集団的になりますと、リンチや戦争、民族紛争へと発展していきます。攻撃性の本質は、憎しみや恨みにあります。人間の攻撃性の今一つの特徴は、それが内に向けられることです。リストカットと呼ばれる自傷行為や自殺が端的《たんてき》な例です。こうした攻撃の自虐《じぎゃく》性は他の動物には見られません。攻撃性は、どんなに時代が変わろうとも、絶対に消えうせることのない人間の本性なのです。

愛他的行動と養護性

いじめ行為の対極にある、他者の利益のためになされる行為は、「愛他的行動」

(altruistic behavior) と呼ばれています。愛他的行動には、大きく三つの特徴があります。一つ目は自発的であること。人から言われてやるのではなく、自分から進んでおこなうものです。二つ目は、報酬や見返りを期待しないこと。三つ目は、犠牲を伴うことです。人を助けるということは、何らかの犠牲を伴います。さまざまな支援活動や救助活動、寄付行為がこれに相当します。

この愛他的行動を支えている人間の特性が、「養護性」(nurturance) です。養護性とは、人や自然を保護し、助け育てるという性質のことです。養護性の研究をおこなっている椈澤《くるみさわ》令子《れいこ》さんによりますと、養護性の特徴は次の三つです[10]。

①子どもの頃から存在し、生涯をとおして発達すること。②養護性の対象は、子どもや年配者だけでなく、動植物など、さまざまな対象にも向けられること。③相手（対象）と向き合ったとき、自分の立場と相手の立場が異なることから生じるもので、〝相手を育てる〟という視点が含まれていること。

養護性とは、わかりやすくいえば、〝やさしさ〟や〝いたわり〟の心のことであるといっていいでしょう。幼児が赤ん坊の泣き声を聞いて、「どうして泣いているの？」

とお母さんにたずねられる心。しおれた花を見て、「かわいそうにねえ」と思える心。小学生がお母さんの疲れている顔を見て、「お母さん、大丈夫?」と温かい言葉かけができる心が、養護性です。

やさしさやいたわりの心は、親の愛情や人々との温かい人間関係によって大きく育まれていきます。また、動植物との触れ合いや赤ちゃんの世話、年配者を介助することで育まれていきます。

学校にかぎらず、日々の生活をとおして、養護性といういたわりの心を育むことは、いじめや虐待の問題に対処していく上できわめて重要です。

〝いたわりの心〟を育む工夫を

かつて、私が小中学生五千人を対象におこなった調査では、友だちをいじめた経験のない子どもは、いじめ体験のある子どもに比べて、カバンや鉛筆などの勉強道具を大切に使う割合が高いことがわかっています。小学生の場合ですと、いじめ体験のない子どもが、「勉強道具を大切に使う」と回答した割合は八三％であったのに対して、いじめ経験ありの子どもは七〇％にとどまりました。物を大切にする生活習慣が、いじめ行為の有無と関係していることがわかります。

また、いじめ体験のない子どもは、いじめ体験のある子どもと比べて、公園などに咲いている花を摘《つ》んだり、木の枝を折る割合が少ないこともわかっています。

ちなみに、中学生の結果では、いじめ体験のある生徒は、草木を傷《いた》めたという経験が六九％に達したのに対して、いじめ体験なしの生徒では四二％にとどまり、双方のあいだに二七％以上の開きが認められました。植物をいたわる心が、いじめ体験の有無と大きくかかわっていることがわかります。

このほかにも、いじめを見たときに、「止めに入る」「先生や友だちに知らせる」とするいじめの抑止傾向は、電車の中でお年寄りに席を譲ってあげたという経験や、小鳥や動物などを慈《いつく》しむ心と強く関係することもわかっています。

全国養護教諭研究会では、いのちの希少性という観点から、胎児の人形づくりをとおして、母親のお腹《なか》の中で大切に育まれてきた、世界でたった一つのいのちの尊さを、子どもたちに実感させる授業をおこなっています[11]。ある助産院の院長は、ゲストの妊婦さんの胎児の心音を実際に聴かせ、布で作った子宮に子どもたちを入れて、出産の模擬体験をさせるなど、工夫を凝らした出前授業をおこなっています。

こうしたさまざまな創意工夫のある教育実践が、子どもたちの心に、確実に養護性を育んでいくのだと思います。

難民キャンプの子どもにみる養護性

ジャーナリストの荒巻裕《ゆたか》さんが、カンボジア難民の取材をとおして執筆した「平和を築く」という一文があります[12]。「人は、いったい、他者に対してどこまで思いやりをもてる存在なのか?」という一節で始まる取材記事は、人間の養護性を考える上で、きわめて示唆に富む内容となっています。

彼は、一九八〇年、カンボジア難民の取材中にコーンちゃんという三歳の女の子と出会います。コーンちゃんは、難民キャンプの重度の栄養失調の子どもたちを収容したテントの中にいました。テントの中では、手足は枯れ木のようにやせ衰《おとろ》えているのに、重度の栄養失調のために、お腹だけは異様に膨《ふく》れ上がっている四十人近くの子どもたちが、手当てを受けていました。

一日一回の食事どきに、子どもたちが、アルミの食器に入ったおかゆを、ガツガツとすすっているときのことでした。自分のおかゆを先に食べてしまった二歳くらいのやせこけた男の子が、竹でできたベッドを伝い歩きして、コーンちゃんのほうに近づいてきたのです。そのときでした――。コーンちゃんは、自分の食器から、おかゆを手ですくって、ひょいと男の子の口に差し出したのです。

荒巻さんは度肝《どぎも》を抜かれました。重度の栄養失調という極限状態の中で、わずかなおかゆを、たった三歳の幼児が、他の子に分けようとする姿に唖然《あぜん》としたというのです。人間は、極限状態の中でも、本来的に他者への思いやりがあることに気づかされた瞬間でした。

このコーンちゃんという三歳の女の子の振舞いこそが、愛他的行動の分与行為に相当するものです。コーンちゃんの振舞いは、養護性が幼い頃から存在するということを証明しています。コーンちゃんの人間としての輝き、心の美しさこそが、養護性の本質だといえます。

人間の攻撃性やいじめ行為を抑止し、養護性を育んでいくためには、〝愛国心〟という従来の狭い枠組みからではなく、〝愛地球心〟ともいうべき大きな視点から、子どもの教育を考えていく必要があります。学校では、学級活動や学校行事などの集団活動に、一層の力を注いでいくとともに、地域にあっても、いのちの尊さを伝え、いたわりの心を育てるモデルづくりに取り組んでいく必要があると思います。

Part 6 人間の幸福感を高めるもの

二〇一三年、国連の持続可能な開発ソリューション・ネットワークは、「世界幸福度レポート(World Happiness Report)」を発表しました。報告書では、幸福度第一位のデンマークをはじめ、上位には、ノルウェーやスイス、スウェーデンなど、北欧の国々が名前を連ねています。ちなみに、アメリカは十七位、日本は四十三位という結果でした。

お金の使い道と幸福感

私たちの生活は、お金と切り離して考えることはできません。お金の使い方と幸福感について、カナダのブリティッシュ・コロンビア大学のダン(E. Dunn)は、興味深い指摘をおこなっています。[13] 彼女は、お金の使い方次第で、幸福感が異なってくるといいます。ここでいう幸福感とは、人生における満足度だと考えてください。ダンのおすすめの幸せを実感できるお金の使い方とは?

まず、一つ目は、お金で〝経験を買おう〟ということです。私たちの幸福感や満足感は、欲しい物を手に入れるよりも、そのお金で〝経験を買う〟ほうがはるかに高いというのです。たとえば、同窓の仲間や夫婦で、旅行という〝経験〟を買うと、高い幸福感が得られるでしょう。一方で「高いお金を出して洋服を買ったが、どうも気にいらない。やっぱり、別の服のほうが良かった」「高価なバッグを買ったけれど、結局は一度も使わなかった」というように、お金を使って欲しい物を手に入れたとしても、必ずしも高い満足度が得られる訳ではありません。

旅行などの個人的な体験の価値は、物と違って比べることができません。仮に、一泊二日のささやかな夫婦旅行であったとしても、それは、夫婦にとって何ものにも代えがたい宝物です。幼いわが子と一緒に遊んだ遊園地での楽しい思い出が、今もなお、脳裡に焼きついているお父さんもおられることでしょう。

ダンは、お金を使うならば、物を買うより〝経験を買う〟、つまり、経験の履歴を膨らませるほうが、人生を豊かにしてくれるといいます。その理由として、①経験は、強い記憶として残りやすい、②経験は、個性を感じることができる、③経験は、多くの人々と社会的価値を共有できるという三点をあげています。これらの点で、経験は、私たちの幸福感に大きな影響を及ぼしているのです。

もちろん、物を購入する場合でも、何かを経験するために買ったのであれば、幸福感は高まります。たとえば、近所の高齢者の方々の買い物の手伝いをするために、車を購入したとすれば、気分も良くなり、幸福度も高まります。

二つ目のおすすめのお金の使い方――それは、〝ご褒美化《ほうび》〟です。好きな物を購入するのを控えめにして、それをとっておきのご褒美にするほうが、幸福を実感できるというのです。楽しみを味わうチャンスが限られているほど、私たちは、その限られた経験を大事にしようとします。

好きな物にお金を使う場合でも、控えめにすることで幸福感は高まります。消費を抑えることで、人生の満足度は大きくなるのです。楽しみを与え過ぎると、人間は次第に堕落《だらく》して感謝しなくなります。慣れは感謝の気持ちをなくします。贅沢《ぜいたく》は、人間の幸福度を下げるのです。

そして、三つ目のおすすめ――それは〝他者への投資〟です。

ダンは、次のような実験をおこないました。まず、一人一人の学生に五ドルを手渡し、きょう中に使い切るように指示します。その際、一つのグループには、お金を自分のためだけに使うように指示します。もう一つのグループには、人のために使うように指示しました。自分のために、五ドルを使うように指示された学生たちは、そのお金で、化粧品や食べ物、アクセサリーなどを買い込みました。これに対して、人のために使うように指示された学生たちは、友だちに食べ物を買う、幼いきょうだいにおもちゃを買い与える、寄付をするなどの行為に及びました。

その後、二つのグループの幸福感が測定されました。結果は、人のためにお金を使ったグループで、はるかに高い満足感が認められたのです。

こうした研究結果は、親切や貢献感を体験することが、精神的な豊かさをもたらすことを教えてくれています。人に与える喜びは、人間が生まれ持った性質なのかもしれません。

「持続的幸福感」を高める

近年、ポジティブ心理学研究の第一人者であるセリグマンは、幸福とは何かについて、新たな知見を述べています。(14)彼は、これまでの心理学は、〝幸福感〟を、主として〝人生の満足度〟で測ってきましたが、人生の満足度は、幸福感の一つの要素にしか過ぎないというのです。

そこで、幸福、すなわち、「ウェルビーイング」(well-being)を、次の五つの観点から、構造的、全体的に理解していく必要があるとしています。

①「ポジティブ感情」(positive emotion)――快適な人生を支える主観的な感情のことです。主観的な〝快〟の感情は、幸福と強く関係しています。人生の満足度もこの中に含まれます。

②「エンゲージメント」(engagement)――フロー(flow)状態のことです。幸福は、あることに没頭する、完全に浸る、集中する感覚と深くかかわっています。たとえば、仕事に没頭している状態、没入している状態がエンゲージメントと呼ばれるものです。これは、「あのときは素晴らしかった」というように、後《のち》に回想することで得られます。

③「関係性」(relationship)――ポジティブな感情は、孤独から生じることは少ないようです。大笑いをして楽しさを満喫できるのは、周りに親しい友人が存在するか

らです。私たちの幸福感は、人とのつながりや関係の中で味わうことができるのです。

④「意味・意義」(meaning)――幸福は、人生に意味や意義を見いだすことと関係します。宗教的な信念を持つことも幸福感と深く関係しています。

⑤「達成」(achievement)――幸福は、成功すること、勝利すること、物事を成就《じょうじゅ》することと関係しています。

こうしたセリグマンの幸福論は、五つの要素の頭文字をとって、〝パーマ〟(PERMA)と呼ばれています。幸福感には、こうした五つの要素が複雑に関係し合っています。セリグマンは、「ウェルビーイング」(幸福)を長く維持していくこと、つまり、「持続的幸福度」(flourishing)を増やしていくことが大事だといいます。〝フローリッシュ〟という言葉には、本来、〝繁栄する〟〝元気でいる〟という意味があります。持続的幸福を実現するためには、これらの五つの要素と、付加的な性質としての自尊心や楽観性、レジリアンスが、重要になってきます。

持続的幸福度を高めていく上で、とりわけ、セリグマンのいう「関係性」という点に注目したいと思います。幸福感や人生の満足感は、家族や友人など、周囲の人との触れ合いをとおして獲得されていくからです。

ただ、こうしたセリグマンの指摘する五つの要素だけで、幸福について完璧《かんぺき》な説明がなされている訳ではありません。それ以外の要素も、人間の幸福と深くかかわっていることも確かです。

たとえば、フランスの哲学者アラン（Alain）は、『幸福論』の中で、「幸福のなかには人の思っている以上に強靭《きょうじん》な意志がある」(15)と述べています。また、「幸福とはすべて、意志と自己克服とによるものである」(15)と語っているように、幸福の獲得の過程では、私たちの〝意志〟が大きくかかわっていることが考えられます。その意味では、人間としての意志や強さもまた、幸福を勝ち得るための重要な要素であるといえます。

今後は、幸福にいたる過程にもしっかりと目を向ける中で、セリグマンのいう「持続的幸福感」についても、さらに研究を進めていく必要があります。

Chapter 4

内なる力を引き出す6つのヒント

Part 1

逆境を跳ね返す力

人生の途上では、勝敗や順位を競うスポーツやコンクール、営業活動や研究成果、学業成績を向上させようとする過程で、誰しも、挫折《ざせつ》感や敗北感を味わうことがあります。自身が抱《かか》えている性格上の問題や病気、家族のことや経済苦などで、思い悩むこともあるでしょう。震災や台風などの自然災害やさまざまな突発的な事故によって、想像もしなかった困難に見舞われることもあります。

そんなときは、弱気という虫が顔をのぞかせ、一瞬にして心が沈み、私たちを暗い気持ちへと追いやります。〝人間は、弱い存在だ〟という思いは、誰もが一度や二度は経験していることです。不慮《ふりょ》の事態に直面したとき、私たちは、地位や名誉や資産だけでは、どうすることもできない人間の無力さを実感させられます。

レジリアンスとは

しかし、その一方で、私たちは、逆境や困難にめげない強さを秘めていることも確かなようです。厳しい現実に押しつぶされそうになっても、不思議とそこから立ち直り、這《は》い上がってくる力を持ち合わせています。深い波間に沈んだように見えても、再び浮かび上がってくる、したたかさをそなえているのも人間です。

ポジティブ心理学では、元来、私たち人間にそなわっている精神的な強さのことを、「レジリアンス」（resilience or resiliency）と呼んでいます。レジリアンスは、元来、物理学の分野で使用されてきた言葉です。水中に物体を沈めたときに、重力に反して、物体が浮かび上がろうとする力、すなわち、〝浮力〟と同じ意味を持つ言葉です。浮力と同様、私たち人間にもそなわっている〝上向きの力〟がレジリアンスです。

今日では、復元力、復活力、元気を取り戻せる力、回復力、逆境力といった意味で使用されています。いじめや経済苦、病気などの困難に耐え抜く力、そこから抜け出せる力、新しいエネルギーを生み出す力がレジリアンスです。人生のさまざまな重圧にも屈しない力のことです。

臨床心理学者の深谷和子さんは、子どもたちにもレジリアンスを育《はぐく》む必要があるとの観点から、レジリアンスという言葉の本質を、①「元気」②「しなやか」③「へこたれない」という、三つのきわめてわかりやすい言葉で表現しています。[1] 今の子どもたちにも、少々のことではひるまない、壊れない、めげない力を育んでいくことが大事であるという訳《わけ》です。

レジリアンスは、個人が持つ逆境力という意味だけでなく、より広い意味でも使用されています。未来学者のアンドリュー・ゾッリ（A. Zolli）らは、レジリアンスを「システム、企業、個人が極度の状況変化に直面したとき、基本的な目的と健全性を維持する能力[2]」であると定義しています。こうした定義は、変化に直面した際の持続性や回復力という側面を強調しています。

地球は今、深刻な問題に直面しています。海が酸性化しつつある海洋の酸性化の問題、地球上の多様な生物が次第に地球からいなくなる、生物における多様性の消失の問題、都市開発による自然環境破壊などの土地利用の変化に関する問題、水資源の確保という地球規模での淡水利用に関する問題などです。

たとえば、海洋の酸性化の問題――大気中の二酸化炭素の濃度が増すと、海水の二酸化炭素の濃度も増加し、海は酸性化します。海にはイカや魚、サンゴなど、炭酸カルシウムの殻《から》や骨格を持つ生物がいますが、二酸化炭素が増えると、海の生物の炭酸カルシウムの生成が難しくなり、海の生態系が崩れていきます(3)。

生物における多様性の消失の問題――現在、名前がついている野生生物は百数十万種いるとされています。その一方で、知られていない未知の生物は、一千万種以上にものぼるとされていますが、毎年、そのうちの〇・〇一～〇・一%が絶滅しているともいわれています。

ゾッリは、こうした地球的規模の問題に対して抵抗力を強めていくためには、状況の変化にうまく適応しつつ、健全性を維持していく力、すなわち、状況の変化にしなやかに適応できる組織や機関、システムを構築することで、地球全体のレジリアンスを高めていくことが、求められていると指摘しています。

ゾッリは、個人だけでなく、集団の持つレジリアンスに対しても、強い関心を寄せています。それは、一言で表現するならば、「いざというときに協力し合う人間力」です。その上で、強い社会的なレジリアンスが存在するところには、必ずといっていいほど、強いコミュニティーがあると述べています。

ゾッリによれば、レジリアンスを携《たずさ》えたコミュニティーの特徴は、次の二点です。

一つ目は、深い信頼感に裏打ちされたインフォーマルなネットワークであるということ。多くの努力が、日常活動に根ざした人間関係から生じるとき、レジリアンスは強化されます。

二つ目は、〝通訳型リーダー〟ともいうべき存在のリーダーが、舞台裏で多くの支持者を結びつけ、さまざまな課題をまとめる上で重要な役割を果たしていることです。

レジリアンスを高める四つの要素

私たち個人のレジリアンスに立ち返って考えてみましょう。個人的なレジリアンスを高めるための基本は、自分に対する前向きな評価ができるように、自《みずか》らを励まし、動機づけていくことです。

森敏昭さんは、健全でポジティブな自己評価には、四つの要素があると指摘しています。(4) 具体的には、次のようなことが考えられます。

一つ目は、「I am」という自己評価——。「私は病気とうまくつきあっている」「私は真面目《まじめ》に生きている」というように、自分を鼓舞《こぶ》していくことです。

二つ目は、「I have」という自己評価——。「私には信仰がある」「愛する家族がいる」というように、自分の持つものを肯定的に評価していくことです。

三つ目は、「I can」という自己評価——。「誰とでもうまくやっていける」「私は料理ができる」というように、自分の能力や才能をしっかりと評価していくことです。

そして四つ目が、「I will / I do」という肯定的評価——「ボランティアを始めよう」「英会話をマスターする！」というように、挑戦意欲を絶やさないことです。このように、今いる自分の価値をしっかりと高めていくことが、レジリアンスという潜在力を引き出していくことにつながっていきます。

ところで、自治医科大学の小林聡幸《としゆき》講師は、リズム性という観点から、現代社会に広がりつつあるうつ的な症状は、社会のリズムと個人のリズムとの齟齬、つまり両者の食い違いから起こるのではないか、との指摘をおこなっています(5)。うつ的な症状の特徴は、個人のリズムを社会のリズムに合わせようとすると、自分のリズムを乱してしまうために、社会のリズムに合わせることを避けようとするところにあります。

こうした事態を打開していくためには、何よりも、社会が、個人の努力や頑張りに見合った適切で公平な評価をおこなうこと、そして、〝役立ち感〟や〝働きがい〟を実感できるような職場や生活環境にしていくことです。

身近な人間関係にまつわる問題はもとより、人類が直面する地球的規模のさまざまな問題に対処していくためにも、レジリアンスというしなやかな逆境力を引き出していくことが、ますます重要になってきています。

複雑な現代社会を生き抜いていく上で大切なこと――それは、本来、私たちには、少々のことではひるまない強さ、折れ曲がることのない精神力、すなわち、レジリアンスがそなわっていることを確信していくことです。

自分の内に秘められた回復力や自身の可能性を信じてあげられるのは、ほかならぬ自分自身なのですから――。

Part 2
楽観主義は人生の羅針盤

人間の前向きな生き方に関心を寄せるポジティブ心理学の特徴は、大きく二つあります。一つは、人間の成長の可能性や強さに着目していること。本来、人間が携えている勇気や強さ、知恵や創造力、幸福や健康に研究の焦点をあてていることです。二つ目は、科学的な検証や客観的な研究データを重視していることです。証拠主義、実証主義です。こうしたポジティブ心理学を代表する考え方が、「レジリアンス」(Chapter 4-1参照)であり、「楽観主義」(optimism)という視点です。楽観主義という視座は、レジリアンスと同様、さまざまな困難に直面したときの生き方を考えていく上で、私たちに多くの示唆《しさ》を提供してくれます。

楽観主義は、俗にいわれる、悠長で能天気な考え方のことではありません。楽観主義とは、「さまざまな困難に遭遇《そうぐう》したとしても、将来に対して、良い見通しをつけられるような考え方、生き方」のことです。人生の途上で、大きな壁にぶつかったとしても、現実の厳しさを見据《みす》えつつ、なおかつ、将来に対して、前向きな生き方や強さを絶やさない生き方であるといっていいでしょう。

心理学や哲学の視点から見たとき、楽観主義には大きく三つの特徴があります。

楽観主義の要素――その①「しなやかさ」

「しなやかさ」とは、ものの見方を、柔軟にうまく変えられる特質のことをいいます。楽観主義の人は、固定的なものの見方から、うまく抜け出せる柔軟性があります。目の前に起こった出来事を、別の観点から見つめ直せるという、心のしなやかさを持ち合わせています。〝竹がしなう〟などといいますが、弾力性に富むということは、竹や枝が強風などの外からの圧力をうまく凌《しの》いで、折れないための大切な要素です。私たちの心も、弾力性があって、しなやかであるということが、現実の困難に立ち向かっていくための重要な要素なのです。

このしなやかさという特徴を、「説明スタイル」という言葉を使って説明しているのが、アメリカのセリグマンです（Chapter 3 - 6参照）。彼は、楽観主義者の説明スタイルの特徴は、①「一時的」②「特定的」③「外向的」であるとしています。[6]

「一時的」（temporary）とは、困難な出来事に遭遇したときでも、それらの困難は、一過性のもので、永続的なものではないとみなすことです。不幸な出来事は、そういつまでも長く続く訳ではないと考えます。「特定的」（specific）とは、私たちに降《ふ》りかかってくる困難な事態は、特別な原因があったからだと見ることです。不幸な事態は、特殊な条件が重なったからだと考えます。「外向的」（external）とは、困難な事態に直面したときに、その原因は自分にあるのではなく、自分以外のところにもあるとみなすことです。不幸な事態の原因を外にも向けることで、自己否定一辺倒に陥《おちい》らないことです。〝雨が降った　それもいいだろう　本が読める[7]〟――これは、白樺《しらかば》派を代表する作家、武者小路実篤《むしゃのこうじさねあつ》が残した言葉ですが、こうした変化への対応力こそが、しなやかさということにほかなりません。

楽観主義の要素——その②「意志・勇気」

「意志・勇気」は、哲学から見た楽観主義の特質です。意志や勇気という人間の特質は、客観的に測定することが難しいこともあり、実証的な成果を重んじる心理学の世界では、あまり注意が向けられることはありませんでした。

しかし、認知的な面だけに光をあてているだけでは、哲学が重視する、人生観や人間の生き方に根ざした楽観主義という視点を見落としかねません。本書でいう楽観主義は、現実に直面する困難や人生の試練から、目を背《そむ》けるのではなく、向き合うことから始まります。現実の厳しさを正確に認識しつつ、かつそれに立ち向かおうとする資質をそなえています。

〝悲観主義は気分、楽観主義は意志〟[8]——これは、フランスの哲学者アランが残した言葉です。辛《つら》い出来事や不幸な事態に直面したとき、私たちの心には、落胆し沈み込む気持ち、すなわち、悲観主義が顔をのぞかせます。しかし、アランは、こうした悲観主義を退《しりぞ》ける意志的な強さ、判断力こそが楽観主義の真骨頂《しんこっちょう》であり、私たちを幸福へと導く重要な鍵であると述べています。〝必ず幸せになる！〟〝絶対に幸せをつかんでみせる！〟という強い意志がなければ、幸せになんかなれっこないという訳です。

楽観主義の要素――その③「未来志向」

「未来志向」も哲学的な視座からみた楽観主義の特質です。未来志向という特質を、最も端的《たんてき》に表しているのが、障がい者の教育と福祉の充実に尽力した、ヘレン・ケラーの言葉です。「我々、楽観主義者は、洋々とした未来に希望を抱いている」(9)――目と耳の機能を失い、発声の面でも不自由さを隠せなかったケラーの言葉の中に、楽観主義者の不屈の精神を垣間《かいま》見ることができます。

落ち込みやすさ、すなわち、うつ的な症状は、アランの言葉を借りるならば〝近くを見過ぎる〟ことで起こります。現実は、確かに厳しいものがあるかもしれません。しかし、目の前の現実にのみ目を奪われていると、目は疲れてしまいます。うつむく姿は、悲観主義にほかなりません。近くを見過ぎて疲れた目を回復するためには、頭《こうべ》を上げて、遠くを見つめてみること。少し先に視線をやる未来志向が不可欠です。

私たちは普段、道を歩いているとき、うつむき加減に歩くことはあっても、周りの景色や透《す》きとおるような空の青さに目を向けることは、めったにありません。人間は、本来、遠くを見つめる力に欠けるところがあるのでしょう。「しなやかさ」「意志・勇気」「未来志向」という三つの要素で構成される楽観主義の骨格が、レジリアンス、すなわち、逆境力なのです（図4参照）。

人間の〝前向きの力〟を信じて

さて、アメリカのノースカロライナ大学のフレドリクソン（B. L. Fredrickson）は、次のような指摘をおこなっています(10)。

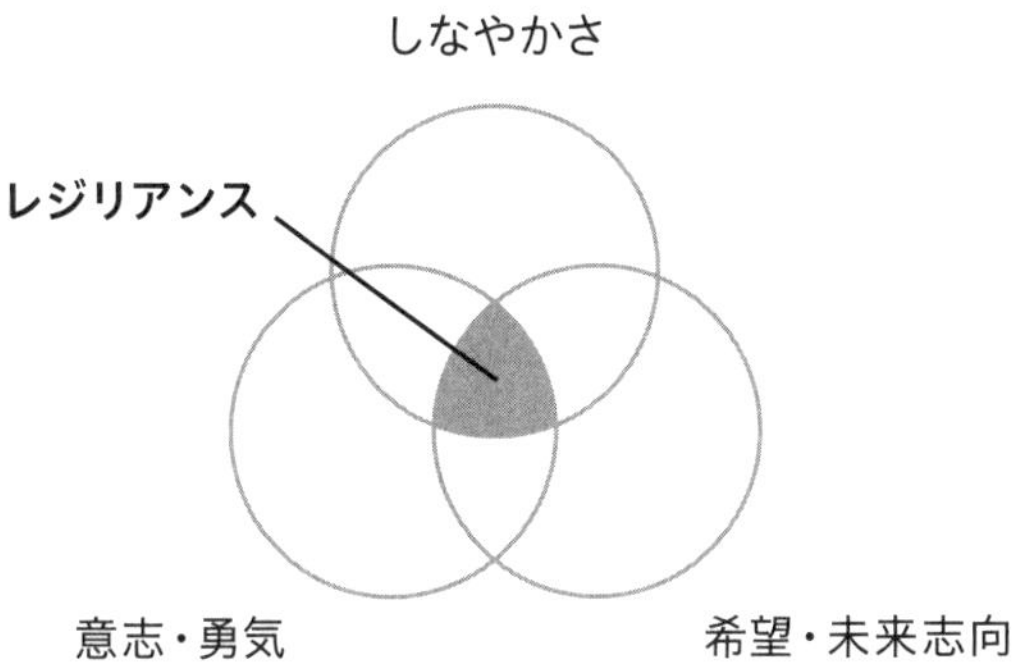

図４　楽観主義の構成要素

ネガティブ感情は、危険を伴《ともな》う事態に直面したときに「逃げるしかない！」と判断するように、反応のパターンを狭《せば》め、特定の選択肢だけを選ぶのが特徴です。恐怖や怒りなどのネガティブ感情が、私たちを逃走や戦いといった限られた行動へと駆《か》り立てることは、経験からもうなずけます。

ネガティブ感情は、必ずしもマイナス面だけが強調されている訳ではありません。私たちは極限状態に追い込まれたとき、ネガティブ感情を前面に押し出し、「恐怖→逃走」というように、反応や行動のレパートリーを狭めることで、生存の確率を高めてきました。進化論的には、このようにネガティブ感情を理解していくことも可能です。

これに対して、喜び、感謝、安らぎ、希望、誇り、愉快、鼓舞、愛などのポジティブ感情は、新しいことに気づく、活動に広がりが出る、長期的な展望や適応力が高まる、人間的に成長できる、健康寿命も延びるなど、心や行動が無限に広がる可能性を秘めています。ポジティブ感情は、「拡張―形成」し続けるところに特徴があります。

フレドリクソンはまた、次のような研究をおこないました。研究協力者に、自己診断テスト（ポジ・ネガ感情チェックリスト二十項目）を渡し、一カ月間、毎日一日の終わりに回答してもらいました。その結果、日頃、精神面で充実した生活を過ごしている人（全体の約五分の一）は、一カ月をとおして、ネガティブ感情とポジティブ感情との比率が、およそ「1対3」以上であったというのです。つまり、毎日の生活で、ネガティブ感情が「1」だとすれば、ポジティブ感情が「3」以上あれば、充実した日々を過ごせるというのです。

こうした研究結果のように、ネガティブ感情の三倍のポジティブ感情を持つことができれば理想ですが、日々の生活は、ネガティブ感情とポジティブ感情が、あたかも、もぐら叩きゲームの〝もぐら〟のように、常にあわただしく飛び出しては引っ込んだり、また出てきては隠れたりと、果てしなく交錯《こうさく》しているというのが現実でしょう。いやむしろ、現実は、辛くなって涙ぐんだり、怒りが込み上げてきては人を憎んだり、自信をなくし逃げ出したい気持ちに駆られたりというように、ネガティブな感情に浸《ひた》っていることのほうが多いかもしれません。

しかし、大事なことは、悲観主義に支配された現実がどんなに続いたとしても、暗い雲間《くもま》から、必ず太陽が顔をのぞかせることもまた疑いのない事実です。

楽観主義という前向きの力は、いつかは必ず顔を出して、私たちに希望の光を投げかけてくれます。そのときは、そうした前向きの感情を誰よりも大切にしながら、自身の内なる力を信じて、進んでいくことです。楽観主義という内なる力は、私たち皆が携えている〝人生の羅針盤《らしんばん》〟なのです。

Part 3

〝成長へと向かう力〟を信じて

不慮の出来事で、最愛の奥さんを亡くされた居酒屋店主の人生が、テレビのドキュメンタリーで取り上げられたことがあります。

これから先、どう生きていけばいいのか。不安と絶望が頭をよぎりました。店主は店をたたむことを決意します。しかし、中学生の一人息子の弁当作りだけはしてやりました。従業員たちは、「大将、やめたらあかん」と励ましの言葉をかけ続けました。給料は下がってもいいから、大将の元で働きたいと申し出たのです。

そうこうするうちに、息子の同級生の母親たちが、日替わりで、弁当作りを買って出てくれたのです。周囲の真心からの励ましと支えによって、店主は立ち上がります。早朝から、市場で仕入れた選《え》りすぐりの食材で絶品の料理を作り、自らが熟成させたお酒とともに安価な値段で客に振る舞ったのです。やがて、店はミシュランにも登録され、押しも押されもせぬ評判の居酒屋へと成長します。店主は、番組のインタビューで、「人間は、所詮《しょせん》、一人では生きていけません。人と人とは縁でつながっています。周りの方々の真心からの支えにより、今の私があります」と述懐《じゅっかい》していました。

自然災害や火事、不慮の事故、暴力や犯罪被害などにより、心身のバランスが著《いちじる》しく脅《おびや》かされる体験をし、強い恐怖感や無力感、絶望感に陥ることを「心的外傷」(psychic trauma)と呼んでいます。被《こうむ》った〝心の傷〟のことです。

この居酒屋の店主もまた、奥さんを不慮の出来事で亡くされるという大きな心の傷を被りました。その不安と絶望感は、心的外傷などという通り一遍《いっぺん》の薄っぺらな言葉では言い表せないほど、大きなものであったに違いありません。

武蔵野大学心理臨床センターの小西聖子さんは、心的外傷について、最愛のお子さんを事故で亡くされた、一人のお母さんの事例を紹介しています(11)。

相談に訪れたお母さんは、小西さんの前で、白い紙を出し、それをクシャクシャに丸めて、自分の手のひらの上に置きました。そして、自分の今の気持ちは、このクシャクシャに丸まった紙のように、以前とは、まったく違ったかたちのものになってしまったというのです。お母さんは、さらに言葉を続けます。クシャクシャにした紙は、手の上に置いたままでいると、少しずつ、元に戻ろうとします。でも、クシャクシャの紙は、どんなに丁寧《ていねい》に広げようとしても、紙にできた皺《しわ》は消えることはないのですと。このお母さんは、わが子を亡くした悲しみを、クシャクシャに丸めた紙にたとえて、わかるように表現してくれたのです。

「外傷後成長」という内なる力

先の居酒屋の店主や、このお母さんが味わった悲しみや辛さは、当事者でなければわかるものではありません。心理学のどんな言葉をもってしても、深い悲しみに包まれた方々の心を、代弁することはできません。しかし、店主は、周りの方々の温かな支えによって立ち上がりました。逆境を、強靭《きょうじん》な意志ではねのけ、お客からの尊敬と信頼を勝ち取りました。最愛のお子さんを亡くされた先のお母さんもまた、きっと、今では悲しみを乗り越え、大きな一歩を踏み出しておられるに違いありません。

ポジティブ心理学では、トラウマを体験した人の多くが、辛い悲しみに打ちひしがれながらも、やがて、その悲しみを乗り越えて、人間的に大きく成長していくという事実に強い関心を寄せています。こうした過程は、「外傷後成長」(posttraumatic growth: PTG)と呼ばれています。

アメリカの心理学者テデスキとカルホーンは、外傷後成長で生じる変化として、①周囲の人との強い親密感や結びつきを実感できた(人との関係の強化)②人生に新たな道筋や希望が見えた(新しい可能性の実感)③思った以上に、自分は強い人間だとわかった(人間的強さの体験)④宗教的な確信が深まった(精神の変容)の四つをあげています。[12]

私たちは、辛く苦しい出来事に遭遇したとき、「どうしてこんなことになってしまったのか」「先のことを考えると、不安で眠れない」「もうお先、真っ暗だ」といった思いが込み上げてきます。ネガティブな考えが、入れ替わり立ち替わり、頭の中をよぎります。こうした思考は、「浸入《しんにゅう》的思考」と呼ばれます。

一方で、人間は、辛く悲しい出来事を、きっと意味のあることに違いないというように、前向きに意味づける強い意志に根ざした思考も持ち合わせています。これは

「意図的思考」と呼ばれます。外傷後成長の過程には、自らの意志で、物事を前向きに、建設的にとらえようとする意図的思考が深くかかわっています。

逆境を乗り越える力を信じて

イギリスのスティーブン・ジョゼフ（ノッティンガム大学教授）は、〝三本の木〟のたとえをとおして、外傷後成長の特質をわかりやすく説明しています[13]。

丘の上に、それぞれ違った個性を持つ三本の木があります。

一本目の木は、嵐が吹いている最中も、曲がりもせずびくともしないで、しっかりと立ち続けています。痛手を被っていません。きわめて抵抗力の強い木です。

二本目の木は、嵐が吹いて、枝や幹は曲がってしまうのですが、折れることはありません。やがて嵐が静まると元通りに戻ります。回復力のある木です。

三本目の木は、二本目の木と同じように、嵐が吹いて枝や幹が曲がってしまいます。それだけでなく、叩きつけられ、形が変わってしまって、嵐が過ぎ去った後も、元の形に戻ることはありません。それでも、やがて、傷ついた木のあちらこちらから、新しい枝葉が出始めます。傷やこぶは残ってはいますが、それは、この木の個性であり続けます。以前と同じ木ですが、そこには、明らかに新しい変化が起きています。

外傷後成長とは、あたかも、この三つ目の木のようなものであるとジョゼフはいいます。三つ目の木のように、心の傷は容易に消えることはないかもしれません。しかし、次の三つの点で、大きな変化が認められると述べています。

①人格的、人間的な成長――自分に対する見方の面で変化が生まれ、自己肯定感が高まり、精神的にも強くなる。

②人生観の変化――たとえば、これまでの仕事第一、お金儲《もう》け第一といった価値観に疑問が生じ、人生における優先順位が大きく変わり始める。信仰心が深まるなど、人生観や宗教観に深まりが生じる。

③周りの人間関係の変化――他者への思いやりや親近感が強まる。

そして、こうしたポジティブな変化を可能にするためには、次の二つのメッセージを、私たちが受け入れるべきであるとしています。

一つは、〝自分は一人ではない〟というメッセージを受け入れること。私たちは、大きな痛手を被ったとき、〝自分だけが苦しい目に遭《あ》っている〟と思い込みがちです。そんなときは、自分一人で問題を抱え込むのではなく、辛さを人に打ち明けてみることも大事です。それがきっかけで、自分だけでなく、人は皆、状況こそ違え、いろんなことで苦労していることに気づかされるものです。

二つ目は、心の傷を負い、苦しむことは、自然で正常な過程であるというメッセージを受け入れること。心の傷を被ると、精神科医であれ、カウンセラーであれ、誰もが落ち込み、悲嘆に暮れ、浸入的思考が襲《おそ》いかかってくるという点では同じです。しかしその一方で、多くの人が、やがてそうした困難な状況から這い上がっていく力を秘めていることもまた、確かな事実なのです。

次に、ジョゼフが指摘している困難な状況から立ち上がっていくためのステップを、私なりの言葉に置き換えて紹介しておきましょう。

ステップ1　「自分を正確にチェックする」——自分の心の棚《たな》に、今、どんな品物があるのか、欠けているものは何かを整理すること。①治療を受けているか、②法的支援は？　③食事は？　④笑顔は？　⑤頑張っている自分に思いやりを示せているかなど、具体的な項目をあげ、自己診断すること。

ステップ2　「希望を持つ」――希望は変化の発火装置です（Chapter 4 - 2参照）。希望を持つためには、ゴールを設け、その達成のための小さなステップを大事にすること。たとえば、失業したご主人が、ゴールを「再就職を勝ち取ること」に置いたとします。その場合、①食事の後片付けをする、②部屋の掃除をする、③散歩をする、④一日一回は人と話す、⑤ハローワークに出向くというように、無理のないステップを設け、実行に移すことです。

ステップ3　「変わったことに注意を向ける」――小さなことでもいいので、変わり始めたことに目を向ける。①庭の梅が咲いた、②きょうは晩御飯が美味《おい》しく感じられた、③人と話すと元気が出るというように。

以上、ジョゼフの指摘をふまえて、外傷後成長の特徴と、成長を可能にするためのポイントについて触れてみました。

近所の庭先で、ナンテンの木を見かけることがあります。秋から冬にかけ、赤色の小さな果実をつけることで知られます。ナンテンの木は、音《おん》が難転《なんてん》、すなわち〝難を転ずる〟に通じることから、縁起の良い木であるとされています。外傷後成長の過程では、立ち止まっている時間もまた、かけがえのない大切な時間です。そして、この言葉は、人間が変化と成長を遂げるためには、前を向き、未来に向かって、大きな一歩を踏み出す勇気が大切であることを私たちに伝えています。外傷後成長は、まさに、〝難転〟の営《いとな》みなのです。

Part 4 音楽、自然、運動、動物の力

私が勤務する大学では、毎年八月に、社会人の方々を対象にした夏季大学講座が開催されます。ある年の講座でのこと。私は、心やすらぐ一日にしてもらいたいとの思

いから、昼休みの時間に、箏曲部《そうきょく》に琴の演奏をお願いしました。学生たちは、受講者に心を込めて演奏をしてくれました。最後の演目『母』（山本伸一作詞、松原真美・松本真理子作曲）の曲では、千人を超す参加者全員による大合唱となりました。

わずか十数分間の出来事でしたが、会場全体が、大きな感動の渦《うず》に包まれました。

心と心を結ぶ音楽の力

音楽には、人々を幸福へと誘《いざな》う力があります。心と心を結びつける力があります。ゆったりとした雰囲気を醸《かも》し出し、心を癒《いや》し、なごませ、生きる力と明日への希望を引き出してくれます。とりわけ、コンサート会場や若者のライブなど、多くの人が集う場では、一人で音楽を味わう場合とはまた違った音楽の良さを体感できます。毎年秋に、学校行事の一環として、多くの中学校で実施されている合唱祭もまた、そうした音楽の力を生徒たちが肌で実感できる場です。

名曲を奏《かな》でる演奏者の心の温かさとやさしさは、心地よい音色《ねいろ》となって、聴衆の心に深く染《し》みこんでいきます。参加者は、演奏曲に、これまでの人生の数々の思い出や、多くの人々との出会いを重ね合わせながら、互いの感情を分かち合い、一体感にふけることができます。

元ノースカロライナ大学准教授でクラシック歌手でもあるウィンストン（S. R. Winston）は、音楽がもたらす最大の効果は〝人間の雰囲気を変えられる力〟であると述べています(14)。私たちは、自らが望んでいる気持ちを生み出し、高めてくれる音楽には、積極的に反応するといいます。

ウィンストンは、これまでのさまざまな研究者による指摘をふまえながら、音楽がもたらす治療効果として、次の四つをあげています。

①血圧、呼吸、脈拍、新陳代謝、筋肉の運動に変化が起こる。
②注意を喚起《かんき》し、集中できる時間を長くする。
③イマジネーションと知性を刺激する。
④気持ちの混乱を静め、正常な態度を引き出すことで、雰囲気を変えることができる。

四つ目の〝雰囲気を変える〟という音楽の効果は、状況によってさまざまな効果が考えられますが、夏季大学講座での私のささやかな体験は、その場に居合わせた参加者が全員で、一緒になって歌う効果の大きさを、あらためて教えられました。

ウィンストンは、音楽の教師は、音楽家のように音楽を演奏したり解釈をする必要はないといいます。ただ一つ必要なのは、進んで歌うことだといいます。こうした指摘は、教師にかぎらず、参加者一人一人が、自ら進んで声を出し歌うことで、互いの一体感が高まっていくことを教えてくれています。音楽には、人と人の心を結びつけ、一つにする力があります。

自然、運動、動物の秘めたる力

最近では、こうした音楽の力に加えて、自然や運動、動物の持つ力にも注目が集まっています。植苗病院の瀧澤《たきざわ》紫織《しおり》医師は、薬や精神療法の補助治療として、森林療法を併用することの効果について報告をしています。[15] 治療は、七～五十四歳までのストレス障がいやうつ、適応障がいを抱える四十数人を対象にしておこなわれました。

週に一～三回、一日二～三時間程度の森林療法を、三カ月間、継続しておこないました。活動の中身は、森林散策、レクリエーション、枝打ち間伐《かんばつ》などの作業です。その結果、多くの利用者で、①主体性や意欲の向上、②感情や衝動のコントロール力《りょく》の向上、③他者との協調性や共感力などの点で、効果が認められました。効果が認められた事例では、森林を快適と感じ、好きになったこと、つまり、森と利用者とのあいだに良好な関係が築かれたことを報告しています。

北米圏では、森林が非行少年の更生の場となっているという報告もあります。古来、人類が恩恵を被ってきた自然の持つ治癒《ちゆ》力にも、目を向けていく必要があります。

運動による効果はどうでしょうか。運動療法もまた、薬物療法や精神療法の補完的な治療法として、注目が集まっています。元山口県立大学教授の青木邦男さんは、運動による不安とうつの軽減効果について、これまでのたくさんの研究成果を検討した結果、運動は、不安軽減効果をもたらすことを示唆しています。[16] たとえば、運動の強度という点では、不安軽減の効果をもたらす運動の強さは、最大酸素摂取量の五〇～八〇%、つまり、中～高等度の強度であるとしています。

運動種目別では、有酸素運動と非有酸素運動ともに効果があるようですが、中でも、ウォーキングやランニング、ダンス等の有酸素運動（エアロビクス）は、不安軽減に、より適した運動であることを指摘しています。

動物との接触がもたらす効果はどうでしょうか。かつて、ノルウェーの十三歳の自閉症児スコット君の様子が、テレビで紹介されたことがあります(17)。自閉症のスコット君は、周囲とのあいだに、コミュニケーションをうまくとることができません。人と触れ合うことが苦手です。幼い頃から、家族とも視線を合わせることもほとんどありませんでした。人の目を見ると、不快になるからです。母親と話をしていても、視線を合わせず、返事をしているだけのほうが楽だと言います。

スコット君は、人がいるところでは、人の視線が気になり、気持ちが落ち着かず、小刻みに跳《と》びはねます。自宅でも、両親がいくら止めても、とりつかれたように、一時間近くも庭で跳びはねています。跳んで、手を振って歩いて、また跳ぶということの繰り返しです。一年に十五足も靴をはきつぶします。跳びはねているときは、人のことが気にならず自分の世界に入り込むことができます。

そんな彼が、唯一、心を許せるときがあります。それは、動物と一緒にいるときです。動物と一緒にいると心が落ち着くというのです。自分の意思を言葉にすることがないので、幼い頃から、動物だけが友だちでした。言葉がなくても、気持ちが通じる動物が大好きでした。親にペットが欲しいとねだり、プレゼントされた黒豚と遊び戯《たわむ》れるスコット君。将来は、動物と接する仕事につきたいという夢を持っています。

こうした自閉症児の事例は、動物の存在が、コミュニケーション能力に劣る子どもたちの心を癒す上で、とても大きな役割を果たしていて興味深いものがあります。動物には、本来、人間が担うべき役割を代替《だいたい》してくれる力があります。

音楽にかぎらず、緑豊かな自然や適度な運動、そして動物の存在は、本来、私たちの内に秘められた、生きる力や生きる意欲を引き出していく上で、大きな役割を担っていると考えられます。薬物や精神療法の補完的治療という意味でも、その効果的な活用法について、今後のさらなる研究成果に期待したいと思います。

Part 5

〝成長欲求〟を絶やさずに生きよう!

通信教育のスクーリングで、福岡に出張する機会がありました。一日目の朝のことです。私が会場に着くと、最前列に座っておられた、二人の初老の男性の姿が目にとまりました。話をうかがうと、お二人とも七十歳を優《ゆう》に超えておられるとのこと。

佐賀から来られたお二人は、退職後の新たな人生の一歩として、大学の通信教育に挑戦を始めたというのです。休憩時に、「記憶力が落ちてしまってどうにもなりません」「若い頃に授業を受けられていたら、どんなに幸せだったか」など、満面に笑みをたたえながら、冗談交じりに語っておられた姿が、とても印象的でした。

高齢社会が一段と加速する中で、大学の通信教育にかぎらず、女性がさまざまな習いごとやボランティア活動の場に積極的に参加されている姿は、決してめずらしくはありません。しかし、年配の男性が、遠方から、前向きに大学での学びに挑戦されていることは、本当に素晴らしいことであると実感します。

お二人にお会いして、アメリカの心理学者マズローの「自己実現」(self-actualization)という言葉が、頭に浮かびました。マズローは、人間性や人間の精神的健康について、徹底した理解を図ろうとしました。ご年配の方であれば、かつて大相撲で活躍した、柏戸《かしわど》と大鵬《たいほう》という二人の横綱の存在を、ご存じのことと思います。この二人の大横綱のように、マズローの時代にも、心理学界に二人の大横綱がいました。

一人は、「行動主義」という名の横綱です。この横綱は、客観的に観察が可能な人間の行動だけを研究の対象にしました。つまり、実験という手法をとおして、科学的に人間行動の理解に努めました。あたかも、かつての横綱柏戸が、相手の力士を一直線に寄り切るのを得意としたように、行動主義という横綱も、ただ一途《いちず》に、厳密な科学としての実験的手法を重視したのです。

二十世紀の心理学界のもう一人の横綱は、「精神分析」という横綱です。この横綱は、実験という手法は好まず、もっぱら、神経症に代表される人間の心の症状と治療に関心を寄せました。つまり、無意識という心のはたらきに強い関心を抱き、そこから心の闇《やみ》の徹底した理解を図ろうとしたのです。相撲でいえば、大鵬に相当するでしょう。大鵬という横綱が、相手を自分の腕《かいな》の中に呼び込んで、懐《ふところ》の深い相撲をとることを得意としたように、精神分析の理論は、心の最も深い部分から、人間に迫ろうとしました。

若い頃のマズローは、この二人の心理学界の大横綱を尊敬し、強い関心を寄せていましたが、環境（刺激）によって人間の行動（反応）がコントロールされるという行動主義の考え方や、心の病《やまい》から人間に迫る精神分析の考え方に、次第に疑問を抱くようになりました。

むしろ、精神的健康やヒューマニズムの上から、人間が持つ希望や良心、価値の創造といった積極的な側面に、関心を向けていく必要があると考えたのです。そして、誕生したのが欲求階層理論に基づいた人間性の心理学でした。

人間と自己実現

マズローは、人間を理解する際に、「基本的欲求」という考え方を基盤にすえました。

その一つ目が生理的欲求です。これは、食べ物や睡眠、呼吸など、人間の生命を維持していく上で、誰もが満たされる必要のある欲求です。仏教でも、「人は食によって生あり食を財《たから》とす[18]」という言葉があるように、〝食〟の充足は、生命をつないでいく上で不可欠です。

二つ目が安全欲求です。生理的な欲求がある程度満たされると、事故や災害、不安定な政局や病といった不安を避けようとする安全欲求が生じてきます。ここでの安全とは身体的な安全を意味しています。企業が開発した商品の中でも、消費者の安全欲求をきちっと満たしてくれる商品は、健康食品であれ、自動車であれ、間違いなく売り上げがあがります。

三つ目が愛情・帰属欲求。人は生理的なものや安全が満たされると、周囲からの愛情や、家族、職場といった集団への帰属意識を満たそうとして行動を起こします。わかりやすくいえば、人が恋しくなるということです。

そして、四つ目が、人から尊敬されたい、認められたいという承認の欲求です。

マズローは、こうした欲求がある程度満たされた後に、最も高次の「自己実現の欲求」が生じると考えました。自己実現の欲求とは、私たちが持ち合わせている資質や能力を最大限に発揮しようとする欲求のことです。それは、高次の「成長欲求」によって動機づけられています。

マズローは、ごく一般的な人の場合、前述の生理的欲求がおよそ八五％、安全欲求は生存を脅かされていない状態で七〇％、愛情帰属欲求は五〇％、承認の欲求は四〇％、そして、自己実現の欲求は一〇％程度は満たされているのではないかという興味深い指摘をおこなっています[19]。こうした考え方は、見方を変えれば、自己実現の欲求は、必ずしも、その前段階の基本的欲求すべてが満たされた後に生じるものではないということを、私たちに教えてくれています。

いずれにしても、先に紹介した通信教育に挑戦されているシニアのお二人は、年齢という枠を越えて、成長欲求に裏打ちされた自己実現の人であるといえます。意欲的に学び、挑戦し、新しいものを創造し、社会に奉仕し貢献していこうという成長欲求を絶やさないことが、人間としての証《あかし》であり、存在価値であるといえます。

成長欲求は人間としての存在価値

では、自己実現の欲求を絶やさない人に共通しているものは何でしょうか。それは、一つには、自分をありのままに受け入れていることです。人間は誰しも、悩みがあります。しかし、人間的に輝きを放っている人は、自分の欠点や老い、病といった現実を受容しつつ、うまく向き合っているという点で共通しています。

かつて、六十代のある男性の通教生の方が、心理学のレポートの中で、次のような一文を寄せてくださったことがあります。「私は、がんの手術を二回しました。また、今、妻がうつ病です。しかし、病気をしたために、タバコも酒もやめて、定年後の少ない年金生活ではありますが、病気とうまく向き合いながら、充実した日々を過ごしています。こんな人生は、今までは考えられませんでした……」

この男性の生き方の中に、真の自己実現的な生き方を教わったようで、私自身も清々《すがすが》しい気持ちになりました。

二つ目は、斬新な鑑賞眼を持っていること。自己実現的な生き方をしている人は、何よりも、身近なものに〝素晴らしさ〟や〝美しさ〟を見いだせる心のゆとりがあります。日々の家族の頑張りに、たくさんのことを学んでいます。道端《みちばた》に咲いている花や、夜空に映える月に目を向ける心のゆとりがあります。

三つ目は、自発的で純粋であること。自発的とは、何事にも前向きで、進んで行動に移す力があるということです。自己実現の人は、与えられた仕事に、常に純粋な気持ちで向き合っています。同じ看護師さんでも、自己実現的な生き方をしている人は、看護師という職業を、自分なりに工夫し、個性的なものに仕立てる努力を惜しみません。

そして、四つ目は、民主的な性格であること。民主的な性格の人は、人から絶えず学ぼうとする謙虚な姿勢を持っています。自分以外の人は皆、自分にはない能力や個性を持っています。成長欲求を絶やさない人は、周りの人々から学ぼうとする意欲に溢《あふ》れています。私たちは、六十歳を過ぎ、人生も後半にさしかかってきますと、残された日々をどう生きるかということを、自らに問いかけるようになります。その意味で、マズローのいう自己実現的な生き方に学んでいく必要があります。

成長しようという欲求を携えているのは人間だけです。成長欲求は、人間だけに与えられた特権です。私たちは、この特権をカバンの奥にしまい込んでおくのではなく、フルに活用して、充実した人生を歩みたいものです。

Part 6 〝休息〟は心の回復の特効薬！

目が回るような多忙な日々を過ごしておられる方も多いことと思います。ただ、どんなにエネルギー溢れる生命力旺盛《おうせい》な方であっても、いつもエンジン全開という訳にはいきません。エネルギーを放出《ほうしゅつ》しっぱなしでは、いつかエネルギーはなくなり、朽《く》ち果ててしまいます。

私は、大勢の前で、いつも明るく笑顔で振る舞っておられる方が、ふとしたときに、一人でぽつんと素《す》の顔でたたずんでいる姿を見ると、何だかホッとさせられます。日頃、大勢の前で元気に振る舞っておられる方ほど、エネルギーをうまく充電し、回復していく術《すべ》が重要になってきます。その最も効果的な薬が〝休息〟という心の特効薬です。

自分を取り戻す時間をつくろう！

交流分析の「時間の構造化」の中に「閉鎖」（withdrawal）という考え方があります。閉鎖とは、一言でいうと、現実とかかわることをやめることです。自分なりのやり方や方法で、うまく休養を取ることです。休憩時間を確保することです。自分の世界に浸る時間といってもいいでしょう。現実の忙しさや人間関係のしがらみから、少しのあいだ、自分を遠ざけることで、心の栄養を充電し、心身の回復を図ることです。それは、自分を守るための大切な術です。

〝体を休める〟〝一人でくつろぐ〟〝何もしないで過ごす〟ということは、そういうことです。閉鎖は、一人になることですから、一見、孤立した状態のように思えますが、自分の世界に入り込む、自己愛的な時間であるといえます。自分で自分にストロークを与える時間です。時には、一人になって気分転換を図ることが、とても大きな意味を持ってきます。まずは、しっかりと自分を管理して、自分を壊さないことが大事です。自分を潰《つぶ》さないことが、ひいては周りのためにもなるのです。

たとえば、お母さんでいえば、お仕事や子育てといった、言葉では言い尽くせない日々の忙しさから、時には、自分を遠ざけることです。一人の時間ができたら、何をして過ごそうかと考えてみるのもいいでしょう。一人になって、自分だけの飛び切り贅沢《ぜいたく》な時間を有効活用することが、閉鎖ということです。

二十分でも三十分でも時間ができたら、外に出て新鮮な空気を胸いっぱいに吸ってみる、もう少し時間があれば、スポーツジムで汗を流してリフレッシュするのもいいでしょう。夜、家族皆が寝静まったあとで、一人で音楽を聴きながらお酒を飲む、好きな小説を読むこともおすすめです。時には、思い切って祖父母に子どもを託して、一人でランチを楽しむことも大歓迎です。

介護をなさっている方であれば、おじいちゃんやおばあちゃんがデイケアに出かけた日には、買い物に出かける、映画を観る、ガーデニングをするなど、心が癒される時間をぜひつくってください。台所をピカピカにすることがストレス解消になるという方は、それも大いに結構です。

会社勤めの方であれば、昼休みは一人で近くの公園のベンチでお弁当を食べるのもいいでしょう。残業から解放されたら、たまには一人で赤ちょうちんの下でお酒を楽しんでください。キャリアウーマンの方の中には、帰宅してから、飼い犬と思い切り触れ合う時間を大切にしている方もいます。ゆるキャラで有名な、ふなっしー・グッズで溢れ返っている自室にいるだけで、癒される女性もいます。

一年に一回でも結構です。まとまった時間が取れるのなら、一人で旅行に出かけることもおすすめです。最近は、一人で旅行を楽しまれている女性をよく見かけるようになりました。趣味の世界に浸ることも、立派な閉鎖の時間です。

繰り返しますが、閉鎖とは、日々の家事や子育て、介護、家族のしがらみ、職場での人間関係といった現実から離れることで、本来の自分自身を取り戻すことをいいます。バレーボールの試合中に、自らのチームの形勢が不利になったときに〝タイム〟を取ることが、「閉鎖」なのです。勇気を出して心のリセットボタンを押すことです。

〝休む〟の〝休〟という字は、「人」＋「木」と書きますが、時には、森林や自然の中に身を投じて、木の陰で休息を取ることで、心の充電をおこなっていくことも大切です。

自分自身を休ませることは、自分のためだけではありません。ひいては、家族や職場をはじめ、周りにも迷惑をかけることなく、良い人間関係を持続できる秘訣《ひけつ》であることを、肝《きも》に銘《めい》じていきたいと思います。

真面目な人は、自分との対決をやめてみる

私たちの周りには、真面目な生き方をしている方が大勢おられます。多くの日本人は、真面目を絵に描いたような国民だといえるでしょう。私も、真面目に生きるということが、どれほど尊く、素晴らしいことであるかということを、身に染みて感じている一人です。

閉鎖が現実から遠ざかる行為であるとすれば、真面目な人というのは、いつも一生懸命に現実と向き合い、自分と向き合おうとしている人のことをいいます。真面目な

性格の人は、常に真《ま》っ向《こう》勝負で生きている人です。いい人過ぎて、物事を適当にやるということができないのです。

真面目な人は、人間として尊敬に値《あたい》する人です。なぜならば、常に自分と真剣に向き合い、自分と「対決」（confrontation）しているからです。閉鎖とは、自分との対決を回避している状態ですから、対決の反対だと考えてください。

真面目な人は、頑張り屋さんです。何事も手を抜くということがありません。いい加減なことが嫌いなのです。人が良過ぎるので、嫌なことも嫌とはっきり言えません。仕事も丁寧です。休みを取ることが、とても下手です。

真面目な人には、〝間《ま》の締め過ぎ〟、つまり、〝間〟（休息）を取らないという意味で、〝間《ま》締《じ》め〟という字をあてがうことがあります。

ですから、ぜひ、時には自分なりに工夫をして、閉鎖の時間を確保して羽を休めてください。そうでないと、燃え尽きてしまう可能性があります。ちなみに、自分は真面目ではないと思う方は、普段から、適当に手を抜いて生きている人ですから、それ以上、自分を休ませる必要はありません。真面目でないという方は、今以上に閉鎖の時間は必要ありません。しっかり自分と対決してください。

ただ、閉鎖の時間は、本来の自分を取り戻すという意味では、とても大切なのですが、これがあまりにも長引くと、現実からまったく遠ざかり、自分との対決をすべて放棄してしまうことになるので、注意が必要です。閉鎖は、あくまでも、現実生活に復帰をするための、一時的な逃避の時間だと考えてください。

閉鎖という時間は、自身の内なる力を引き出していく上で、なくてはならない心の充電期間です。閉鎖は、やがて再び厳しい現実に立ち向かっていくために、私たちの背中を押してくれるはたらきがあります。生活にゆとりと潤《うるお》いを与えてくれます。

特に、真面目な方は、ぜひ、しなやかな生き方を心がける中で、うまく心のエネルギーを充電しつつ、ストレスを最小限に抑えて、再び、厳しい現実に自信を持って立ち向かっていってほしいと思います。

Chapter 5

心と心が響き合う6つのヒント

Part 1

〝人づきあい〟は諸刃の剣だと知ろう

人間関係の特徴を一言で言い表すとすれば、そこに〝感情〟という生き物がついてまわることです。感情という生き物は、自分と相手との距離が離れているときには、まず、顔を出すことはありません。たとえば、テレビでしかお目にかからないようなどこかの国の大統領が不正をしたからといって、「へえっ、そうなんだ」と思うくらいで、怒り心頭《しんとう》に発《はっ》するようなことはまずありません。

しかし、これがごく身近な相手だと、話は違ってきます。夫や親、子ども、上司や同僚といった、一日のうちで何回も顔を合わせるような身近な間柄だと、感情という生き物が顔をのぞかせます。富士山も、遠くからカメラのレンズを向けているだけだと、美しく勇壮な姿ですが、いざ登山をして間近で見ると、ゴツゴツとした岩肌や倒木を目《ま》の当たりにして、現実とのギャップに驚かされることがあります。人間関係も同じで、身近な関係であればあるほど、相手のいろいろな面が見えてきて、感情もあらわになりがちです。

フランスの数学者でもあり、哲学者でもあったパスカル（B. Pascal）――。彼は三十九歳と二カ月の若さで、この世を去りました。遺稿集『パンセ』は、生前、パスカルが書き綴《つづ》った断片的なノートを、彼の死後に編纂《へんさん》し、刊行したものです。『パンセ』は、パスカルの思索の集大成ともいうべき書であり、そこに残された数々の言葉には、若くして病《やまい》や死と向き合ってきた、パスカルの深い人間観がちりばめられています。

その『パンセ』の中に、「ちょっとしたことが私たちの慰《なぐさ》めになるのは、ちょっとしたことが、私たちを苦しめるからである」(1)という言葉があります。〝パンセ一三六〟の一節です。パスカルが残したこの言葉は、私たちの人間関係の本質を見事なまでに描写しています。

左右両方に刃のある剣は、〝諸刃《もろは》の剣《つるぎ》〟や〝両刃の剣〟と呼ばれます。大いに役立ちはするが、一方で大きな危険も伴《ともな》うことのたとえとして用いられる言葉です。パスカルが指摘したように、人間関係という剣もまた、功罪を兼ねそなえた諸刃の剣です。

人間関係のネガとポジ

パスカルの言葉の後半のくだり――「ちょっとしたことが、私たちを苦しめる」という言葉は、人間関係によって生じるネガティブな感情の特徴を、短い言葉で端的《たんてき》に言い表しています。私たちは、人とかかわることで、しばしば、気持ちがふさぎ込み、いら立ちをあらわにします。「わが子の反抗的な態度に、すっかり、気が滅入《めい》ってしまった」「夫に怒鳴《どな》られ、心の底から怒りが込み上げてきた」というような、苦い経験を味わった方もいらっしゃることでしょう。

お母さんの一言が、子どもの心を苦しめることがあります。友だちからいじめを受け、辛《つら》い思いをした方もおられるでしょう。近隣の方の素《そ》っ気《け》ない態度に、心が傷つき、ふさぎ込むこともあります。このように、私たちは、人とのかかわりによって心が傷つき、ストレスを溜《た》め込んでしまうのも事実です。

ところで、牧口常三郎先生は、『創価教育学体系』の中で、「創価教育六大指標」といわれる、教育における六つの指針を残しています。[(2)] すなわち、①「感情の理性化」

（感情をコントロールすること）②「自然の価値化」（自然の中に価値を見いだすこと）③「個人の社会化」（社会性を育《はぐく》むこと）④「依人の依法化」（経験や勘だけでなく、理論や法則に学ぶこと）⑤「他律の自律化」（自律的な生き方ができること）⑥「放縦《ほうじゅう》の統一化」（規律ある生き方ができること）の六つです。

これらの指標の最初に、「感情の理性化」をあげている点に注目したいと思います。パスカルの言葉に象徴されるように、人間は、落ち込みやいら立ち、とりわけ、怒りの感情に支配されると、本来の自分を見失ってしまう危険性があります。

教育の大きな目標は、攻撃性や恨みといった、人間の本性ともいうべきネガティブな感情を、理性化していくところにあります。つまり、人間が本然的に携《たずさ》えている感情をうまくコントロールできるように仕向けていくことが、ほかならぬ教育の役割だというのです。人間の本性を見事なまでに正確にとらえていて、その深い洞察力に驚かされます。

その一方で、私たちは、人と接することで、元気をもらったり、とても幸せな気分に包まれることがあります。ほんのわずかな出会いや言動が、私たちを幸せの絶頂へと誘《いざな》ってくれることがあります。「ちょっとしたことが私たちの慰めになる」というパスカルの言葉どおり、私たちは人とかかわることで、楽しいとか、嬉《うれ》しいといったポジティブな気分に浸《ひた》ることができます。

ポジティブな感情もまた、私たちの何気《なにげ》ない言葉づかいや些細《ささい》な振舞いによってもたらされます。人と触れ合うことで、心から感動した経験をお持ちの方もおられることでしょう。「病床にある親友の元気な顔を見て、嬉しさが込み上げてきた」「あなたに出会えて、生きる勇気をもらった」「厳しい上司から、一言、『ありがとう』と言われて、天にも昇る気持ちになった」というように、人との触れ合いは、しばしば私たちの心を癒《いや》し、元気にしてくれます。

お母さんの底抜けに明るい笑顔に触れると、家族は、もうそれだけで幸せな気分に包まれます。私自身、小学校五年生の図工の時間に、動く乗り物を製作したときのことです。それを見た、当時の担任の先生が、「うまい！ うまい！」と大きな声で、満面の笑みを浮かべてほめてくれたことがあります。私は、そのときの嬉しさを、今もって忘れることはありません。こうした私たちの経験からもわかるように、人間関係は、間違いなく、私たちの〝生きる力〟の源《みなもと》でもあるのです。

適度な距離をうまく取ろう

では、人間関係の持つ否定的な面を抑え、肯定的な面を引き出していくためには、どのような心がけや努力が必要なのでしょうか。

一つには、相手とのあいだに、うまく距離や空間を取るように心がけることです。「パーソナルスペース」(personal space) という言葉があります。互いに、相手の空間に踏み込まないように、人とのあいだに適度な距離を取ることです。車の事故を防ぐためには〝車間距離〟が欠かせないように、人間関係を維持していくためには、人とのあいだの〝者間距離〟をうまく取ることが大事です。

人間関係をこじれたものにしないためには、相手の空間に踏み込み過ぎないことも、時には大事なのです。工夫をして、人とのあいだに適度な距離や空間を確保して、互いの関係をうまく調節していくことです。

パーソナルスペースは、相手との感情的な衝突やぶつかり合いを和《やわ》らげる上で、なくてはならない空間という意味で、「身体緩衝帯《かんしょう》」(body buffer zone) ともいわれています。いら立ちや怒り、不快感などのネガティブな感情を抑えるためには、〝これ以上、近づき過ぎるとやばいな〟と感じたときに、うまくパーソナルスペースを確保することです。

二つ目には、パスカルがいったように、気づかいや心配りの持つ重みを、常に心にとどめていくことです。ちょっとした言葉かけや行為でも、配慮に欠けるものであれば、相手を傷つけ、不快にさせます。反対に、たった一言の言葉かけやわずかな行為であったとしても、それが誠意と思いやりに裏打ちされたものであれば、相手に感動や生きる勇気、希望を与えるということを、心にとどめていくことです。

ちょっとした言葉づかいや立ち居振舞いなど、何気ない言葉の重みを自覚し、一つ一つの小さな振舞いや触れ合いを大切にできる、一人一人でありたいと思います。

Part 2

顔と顔を合わせた語らいを増やそう

ちゃぶ台のコミュニケーション効果

皆さんは、〝ちゃぶ台〟をご存じですか。食事用に作られた四本脚の座卓のことです。一般には、円形をしたものがよく知られています。昭和の初め頃には、一家の団らんを象徴するシンボルとして普及しました。

山口大学では、十年以上も前から、教員養成の一環として、ちゃぶ台を囲んでの研修を計画し、学生と教員が一緒になって教育について話し合い、考える機会を設けています。学生が現場の教師や研究者と一つの輪になり、教育について語り合うことで、教職に対する意欲や使命感を育んでいこうという試みです。

立場の異なる者同士でも、顔を合わせることで、一体感が生まれ、親しみが湧いてきます。都内のある保育園でも、年齢の異なる園児が、畳の上のちゃぶ台を囲んで昼食を取り、コミュニケーションの輪を広げる取り組みをしています。肩を寄せ合い、食事を共にすることで、会話もはずみます。畳の上で、円《まる》い座卓を囲んで、互いが向き合うことは、お互い、より一層の親近感を味わうことができて、何ともいえない温かさを感じることができます。

仏教にも、「輪円具足《りんえんぐそく》」という言葉があります。この言葉は本来、曼荼羅《まんだら》を意味するものですが、円輪は過不足のない状態、つまり、欠けることのない充実した境涯を表しています。そうした意味では、ちゃぶ台のように、円いテーブルを囲んで、皆で食事や会話をすることは、その場にいるすべての人をもれなく包み込んで、一体感漂《ただよ》う雰囲気を生み出すことを可能にしてくれます。

現代社会は、SNSの普及により、多機能携帯電話一つで、インターネット上で容易に情報を交換できるようになりました。そうした時代だからこそ、あらためて、人と人とが出会い、向き合うことの意味を考えてみる必要がありそうです。

創価大学の通信教育部に通う、ある二十代の女性が、自《みずか》らの体験をとおして次のように語ってくれたことがあります。「SNSの欠点は、友だちが今何をしているかが容易にわかることです。必要以上にたくさんの情報が得られるため、しばしば、不安や劣等感に苛《さいな》まれてしまいます。そのことが、さらに、友だちの様子をもっと知りたいという欲求に拍車をかけ、勉強が手につかなくなるのです。一日の大半を、スマートフォンに費《つい》やすというスマートフォン依存症に陥《おちい》ってしまうのです」と。

私と同業の知人も、かつてSNSにまつわるエピソードを話してくれたことがあります。この知人は、夫婦で、卒業を間近に控えた女子大学院生を祝ってあげようと、食事の席に招待しました。食事の最中のことです。大学院生の携帯に一通のメールが入りました。そのとき、彼女は、招待してくれた目上の教員夫婦が目の前にいて、食事の最中であるにもかかわらず、メールの返信をし出したというのです。「すみません」という非礼を詫《わ》びる言葉はあったものの、知人夫婦は、その振舞いに開いた口がふさがらなかったというのです。

これは、SNSの機能が、本来、あるべき人と人との触れ合いや交流のあり方を遮《しゃ》断《だん》してしまった、端的な例であるといえるでしょう。皆さんも、一度や二度は、こうした経験をお持ちなのではないでしょうか。

顔と顔を向き合わせて!

ラインなど、仲間同士でしか内容を見ることができないスマートフォン向けのアプリに書き込まれた中傷を見つけるのは、自治体から依頼されたネットを監視している業者ですら、きわめて難しいことが指摘されています(3)。アプリに書き込まれたさまざまな中傷や悪意に裏打ちされた写真の掲載などは、いじめや不登校の温床《おんしょう》とならざるを得ません。

ある女子中学生は、ほんのちょっとしたことが原因で、仲の良かった友だちとの関係がこじれてしまいました。その後、二人で会って、顔を合わせて互いの気持ちを打ち明ければよかったのですが、なぜか、二人は直接会って互いの本音をぶつけようとはせず、ラインをとおしてやりとりをしたために、かえって感情的になり、関係がこじれるという結果を招いてしまったというのです。こうした例は、人とのあいだの行き違いや感情のもつれが生じた場合には、お互いに会って話をし、気持ちを直接伝え合うことがいかに大切さであるかを、私たちに教えてくれています。

日々の人間関係を潤《うるお》いのあるものにし、確かな充実感を味わっていくためには、SNSというツールでのやりとりだけに終始するのではなく、一歩、足を前へ踏み出し、互いに顔と顔を合わせて、人と会って話す努力を惜しまないことです。多くの職場では、メールでのやりとりだけで仕事をするのが、当たり前の時代になりました。電話でのやりとりすら、敬遠されるようになりました。そうした時代だからこそ、自ら同僚や部下、後輩の席に足を運んで、フェイス・ツー・フェイスで、コミュニケーションを図ることは、人間味のある職場環境をつくりあげていく上できわめて重要です。

自ら進んで人と会うということは、面倒ですし、人づきあいが苦手な人にとっては勇気のいることです。しかし、会って語り、時間と空間を共にすることで、人間関係は間違いなく潤いのあるものへと大きく変化していきます。心も自然と軽くなります。生きているという実感が生まれます。人の顔は、本来、人と人とが出会い、コミュニケーションを取り合うためにあるといっても過言ではありません。生まれてまもない赤ちゃんに対する、母親の愛情豊かな語りかけがそうであるように、顔と顔を合わせた語らいは、人との出会いの原点であり、元気を回復する秘訣《ひけつ》なのです。

Part 3 〝活動〟は心と心をつなぐ潤滑油

時間の構造化と「活動」

日々の生活を有意義なものにできる手立てとして、既に何度か紹介してきた「時間の構造化」という考え方の中から、ここでは、「活動」(activities) という手立てについて紹介しましょう。

活動とは、社会的に認められている場所や機会をとおして、人々と積極的にかかわりを持つことで、直接的なストローク、すなわち、周りの人々から直《じか》に心の栄養を補給していくことができます。具体的には、ボランティア活動をする、町会の活動をする、囲碁《いご》の会に出向く、料理教室に行く、テニスクラブに通うなど、自らが行動を起こすことをいいます。活動は、自ら携えているエネルギーが、社会への奉仕や技能の上達など、ある目標の達成や課題の克服に向けられるところに特徴があります。

活動の今一つの特徴は、多くの場合、道具が用いられることです。たとえば、除雪のボランティアには雪かき用スコップが、囲碁をするためには碁石や碁盤が、テニスにはラケットやテニスボールが、料理の習得のためには包丁やお皿がいるというように――。活動の良さや魅力は、道具を活用することで、互いの心の距離が縮まり、コミュニケーションが深まっていくところにあります。

ところで、心理臨床の相談機関では、自閉的な傾向にあるお子さんや、情緒《じょうちょ》的な障がいを抱《かか》える子どもたちなどの心のケアのために、プレイルームで、「遊戯《ゆうぎ》療法」（play therapy）をおこなうことがあります。大人を対象にしたカウンセリングの場合ですと、カウンセラーと相談に訪れたクライアントとが、言葉を手がかりにして互いの意思の疎通《そつう》を図り、治療が進んでいきます。

これに対して、幼児の子どもの場合は、言葉の発育が十分でないこともあり、自分の思いを言葉でうまくセラピスト（治療をおこなう人）に伝える能力に劣ります。そこで、遊びをとおして子どもと触れ合い、幼稚園や家庭でのストレスを発散させることで、子どもの成長を支えます。プレイルームに来た子どもは、遊びをとおしてセラピストに寄り添ってもらうことで、次第に本来の自分を取り戻し、自信を持って一歩前に踏み出せるようになります。

遊戯療法では、遊びをとおして、子どもとかかわりますから、遊びのための用具が必要になります。たとえば、卓球台やトランポリン、積み木や鉄砲、楽器、人形やボードゲームなど、〝遊び〟という活動のために、さまざまな道具が用意されています。遊戯療法では、セラピストと子どものあいだに、こうした用具を、自然なかたちで挟《はさ》み込むことで、ラポールと呼ばれる子どもとの親和的な関係も深まり、治療も進展していきます。

同様に、セラピストがクライアントと向き合う際の、今一つのスキルとして、「スクイグル法」（squiggle）があります。[4] イギリスの小児科医ウィニコット（D. W. Winnicott）が提唱したものです。なぐり描き法とも呼ばれます。二人一組になり、まず一人が一筆書きで自由にぐるぐると線を描きます。その後、もう一人が、相手が描いた線を使って、新しい線や色を付け加えたりして、絵を完成させるというものです。互いの作業が終わったら、今度は役割を交替して、同じことを繰り返します。

スクイグル法は、セラピストなどの大人が子どもとかかわるときの芸術療法の一つですが、大人同士でもおこなうことが可能です。テーマなどは特に決めません。以下、もう少し詳しくお教えしましょう。

まず、八つ切りの画用紙（コピー用紙でも可）、サインペン、クレヨン（鉛筆や色鉛筆などでも可）を用意します。子どもと一緒にやる場合は、大人のほうから、「じゃあ、今から、一緒にお絵描きをしてみようか」と語りかけます。

そのあと、「初めに、どちらか一人が、ペンを使って、この画用紙に、自由に一本の線をぐるぐると引きます。一本の続いている線であれば、どんなかたちになってもかまいません」「線が描けたら、今度は、もう一人が、その線を使って、それにまた線を書き加えたり、自由に色を塗って絵を完成させます。わかりましたか。それでは、〇〇ちゃん、どっちから始める?」と切り出します。

今、仮に、子どものほうから、一筆書きで、なぐり書きの線を描いたとしましょう。次に、その線を見て大人が新たな線を付け加えたり、色を塗って自由に絵を完成させます。そして、絵を見ながら自由にお話をします。一通り終わったら、今度は役割を交替して、大人が一筆で自由に線を描き、それを見て子どもが絵を仕上げ、お話をします。スクイグル法は、元来、セラピストと子どものあいだで治療的な試みの一つとして使用されますが、親子でコミュニケーションを深めるための手立てとして活用していくことも有効です。

道具の活用が心をつなぐ

遊戯療法やスクイグル法は、広い意味では、交流分析でいう「活動」の中に含まれると考えられます。親子にかぎらず、地域や職場でも、人と触れ合うときに、お互いが向き合っているだけでは、何を話していいのかわからず、その場の雰囲気も、何となくぎくしゃくして、ぎこちないものになってしまった経験をお持ちの方もおられると思います。

そんなときは、食事を共にする、何か一緒に活動をするなど、ちょっとした工夫で時間や空間を共にすることができれば、互いの関係はスムーズになり、自然と会話もはずみます。大事なことは〝手持ち無沙汰《ぶさた》〟という環境が、互いのコミュニケーションづくりを阻《はば》むということを、肝《きも》に銘《めい》じていくことです。

構成的グループエンカウンターという交流技法があります（Chapter 3 - 3参照）。その一つに、「一言キャッチボール」というエクササイズがあります。互いが三、四メートルほどの間隔で向き合い、大きめの柔らかいボールを使ってキャッチボールをします。そのとき、「昨日、晩御飯は何を食べましたか」というように、相手に一言発しながら、ボールを投げます。

その後、ボールを受け取ったほうも、「とても美味《おい》しいお寿司《すし》を食べましたよ」というように、言葉を発しながら相手にボールを投げ返すのです。これをしばらく繰り返すことで、初対面の人同士でも、随分とコミュニケーションを図ることができます。ボールという道具一つで、心と心をつなぐことができるのです。

日々の生活の中では、たまには、ご主人が奥様と一緒に料理を作るだけでも、会話もはずみ、互いの関係は深まるものです。親子であれば、息子さんと卓球を共にするような機会があってもいいでしょう。お父さん同士であれば、一緒に将棋をさしたり、音楽好きなお父さん同士であれば、一緒に楽器を演奏する機会をぜひつくってください。地域のために、一緒にボランティア活動ができたら、さらに絆《きずな》も深まることでしょう。

ともあれ、「活動」という考え方は、一緒に作業をする、一緒に時間や空間を共有するというように、さまざまな工夫を凝《こ》らすことの大切さを教えてくれています。そのためには、お互いのあいだに、うまく〝道具〟や〝モノ〟を挟み込んで、それらをうまく活用しながら、人間関係を豊かなものにしていくことが有効です。

道具やモノは、人と人との心をつなぐ〝潤滑油《じゅんかつゆ》〟であるということを、ぜひ、忘れないでほしいと思います。

Part 4 〝話し合い〟で他者理解の心を育もう

わが国の学校教育の内容は、国語や社会などの教科に関するものと、教科以外の活動の二つに大きく分かれます。教科以外の活動のうち、学級活動では、望ましい人間関係の形成と、より良い生活づくりを目指しています。学級活動の中心となるのが話し合い活動です。子どもたち同士の話し合いによって、学級の一年間の目標やお楽しみ会の内容などを決める、また、いじめなど学級が抱えるさまざまな問題に対処していくことができます。

話し合い活動の効果

子どもたちの話し合い活動の教育的効果について、鈴木智子さんは、「エスノグラフィー」(ethnography)というフィールドワークの手法を用いて、実際の学校に出向き、子どもの生活を観察しました[5]。最近の心理学では、実験や調査などの量的な研究だけでなく、現場に足を運んで、自分の目でしっかりと子どもや教師の行動を観察する質的な研究も注目され始めています。

一学期のあいだ、週に一回、都内の小学校に出かけて、学級での子どもたちによる話し合い活動を観察しました。そして、話し合い活動における教師と子どもの発話を集め、分析しました。あわせて、担任の先生や子どもたちに対してインタビューをおこない、話し合い活動の教育的効果について調べました。

学級の観察や先生、子どもへのインタビューをとおしてわかったことは、二つです。一つは、教師が、常に話し合いを大切にしている学級では、教師自身が、友だちへの思いやりや気づかいが認められる子どもの発言や、自分への気づきが感じられる発言については、惜しみない称賛や肯定的な評価を与えていたことです。

二つ目は、話し合い活動を実践している学級では、周りの友だちや低学年の子に対する思いやり、気配りの感情が大きく育まれていたことです。

学級での話し合い活動は、子どもたちが互いに顔を寄せ合い、他者の存在に目を向ける場です。友だちの声に耳を傾け、自らを振り返ることを可能にする時間でもあります。仲間をいたわる心や、相手に共感できる心も確実に養われていきます。話し合い活動以外の授業の様子を観察していても、クラスの子どもたちが、不登校気味の子や、勉強が苦手な子のことを気にかけ、励ます場面も、多く見受けられました。

この研究ではまた、一学期初めと終わりの計二回、質問紙調査を子どもたちに実施し、子ども自身の気持ちや友だちに対する気持ちが、どのように変化したかを調べました。その結果、以下の三つのことが明らかになりました。

一つは、話し合い活動によって、子どもたちの学級への所属感や信頼感が高まったことです。たとえば、「自分から進んで、周りの友だちや先生とかかわりを持とうとしたか」という質問に対して、「はい」と回答した割合は、話し合い活動を続けた後で高くなっていました。

二つ目は、話し合い活動によって、学級への貢献感が高まったことです。「困っている友だちに対して、自分から進んで手助けをした」「学級や友だちのために頑張っている」という質問に対して、「はい」と回答した割合は、話し合い活動の終了後で、明らかに高い傾向にありました。

三つ目は、自己受容感が高まったことです。「自分のことが好きだ」「自分の良いところがわかっている」などの質問に対して、「はい」と答えた割合も、話し合い活動の後では増えている傾向にありました。

話し合い活動は、子どもたちの所属感や貢献感、自己受容感、つまり、心理学でいう〝自己有能感〟を着実に育んでいるといえます。学校の先生は、こうした話し合いという、子どもたちの自発的で、集団的な活動をしっかりとサポートできる指導力を身につけることで、子どもたち一人一人の心を豊かにしていくことができます。

対話の土壌は学校教育から

今、世界に目を転じてみますと、科学の発展とは裏腹に、民族紛争に象徴されるように、人間同士の恨みや憎しみは消えうせることなく、争いが絶えることはありません。「目には目を」「歯には歯を」という言葉がありますが、武力やテロ行為に対して、武力で応戦していては、永遠に問題の解決にいたることはありません。

創価大学の創立者である池田大作博士は、「暴力に暴力で抗するのはたやすい。しかし、それでは悪の輪廻《りんね》は止まらない」(6)と述べ、警鐘《けいしょう》を鳴らしています。その上で、「個人の人間関係も近隣の交際も、さらにまた国際的な関係も、会って、対話し、互いを知ることが一切の基本である」と述べています。世界で最も幸福度が高いとされるデンマークの教育も、対話を基本にしていることはよく知られています。

私自身も、学校という集団の場での教育の果たすべき重要な役割の一つは、人間同士が対話をするという習慣の基礎、土台をしっかりと育み、継承していくことにあると思っています。それが学校という集団の場で、子どもたちがお互いに顔と顔を突き合わせて、学ぶことの意味だといえます。とりわけ、子どもたちが顔と顔を合わせる学級での話し合い活動は、子どもたちがお互いを知り、理解し合い、思いやる心を育んでいく上で、最高の機会です。

そうした意味で、私は、わが国の話し合い活動を基盤にした特別活動が果たすべき役割は、きわめて重要であると考えています。大げさな言い方をすれば、話し合い活動という、最も単純にしてシンプルな子どもたちの教育活動の中にこそ、人類のあるべき姿や未来を考える重要なヒントが隠されているように思います。

Simple is best.――今、わが国では、いじめなどの子どもの問題行動が深刻化する中で、「道徳」が教科化されるなど、道徳教育の重要性があらためて指摘されています。しかし、道徳の真の実践は、特別活動という望ましい集団活動の場、とりわけ、学級の話し合い活動という教育活動の中にあることを、しっかりと理解していく必要があります。

ゴリラのボスは、群れの多様な意見を汲《く》み取ることで知られていますが、霊長類研《れいちょうるいけん》究の第一人者である京都大学の山極寿一《やまぎわじゅいち》教授は、「人間にもそんなリーダーが求められている」(7)と述べています。特別活動における話し合い活動は、そうしたリーダーとしての資質を育む豊かな人間教育の土壌でもあるのです。

〝灯台下暗《もとくら》し〟という言葉がありますが、私たちは、半世紀以上も前から、日本の学校教育が携えてきた特別活動の魅力に、あらためて光をあてていく必要があるように思います。

Part 5 子どもから慕われる大人を目指そう！

小中学校の教育では、「道徳」の時間が、国語や算数と同じように教科になり、「特別の教科　道徳」となります。こうした背景には、生徒指導上のさまざまな課題をふまえて、子どもたちに、生命を大切にする心や他人を思いやる心、善悪の判断などの規範意識を身につけさせたいとの強い思いがあります。

学ぶは〝まねる〟といわれますが、子どもたちが道徳心を育んでいくためには、授業で教えること以上に、私たち大人が範《はん》を示していくことが何にも増して重要です。手本となる行動を観察することで、新しい行動のパターンを学習していくことを、「モデリング」（modeling）といいます。カナダの心理学者バンデューラ（A. Bandura）らは、次のような実験をおこないました。[8]

まず、幼児を二つのグループに分けました。一つのグループの子どもたちには、人形を殴り、放り投げる攻撃的な大人の映像を見せました。そしてもう一方のグループの子どもたちには、攻撃的でない大人の映像を見せました。

その後、どちらのグループの子どもも、おもちゃで遊ばせます。しかし、途中で、おもちゃを取り上げて、幼児を欲求不満状態にしました。その後、幼児を、さっき映像で見たのと同じ人形がある、別の部屋に移動させました。すると、事前に、攻撃的な大人の映像を見せられた幼児の多くが、部屋の中に置かれた人形に対して、殴る、放り投げるなどの攻撃性をあらわにしたのです。

この実験は、子どもの学習には、モデルとなる大人の存在がきわめて重要な意味を持つことを、私たちに教えてくれています。バンデューラらが示したモデリングの考え方は、「社会的学習理論」（social learning theory）と呼ばれています。

今の社会は、価値観が多様化する中で、子どもや青年が、生き方のモデルとなるような存在を見つけにくくなっているといえるのかもしれません。しかし、子どもが健全な成長を遂げていく上で、良き大人の存在は、とても重要です。

両親が仲むつまじく過ごしている家庭で育った子どもは、将来、大人になって家族を持ったときに、自分の親の存在が良きモデリングの対象となるに違いありません。どんなに辛《つら》いときや家計が大変なときでも、常に笑顔を絶やさないお母さんの姿を見て育った子どももまた、心の強い人間に育っていく上で、お母さんの存在はかけがえのないモデルとなっていくことでしょう。

小学生のとき、田舎《いなか》の小さな小学校に、毎朝四十分以上かけて通学していたある男の子は、雨の日も風の日も毎朝、校門で、笑顔で温かく出迎えてくれる校長先生を見ていて、「僕も大きくなったら、立派な先生になる」と、卒業文集に書きました。この子は、今では、お母さん方からも一番慕《した》われる青年教師として、頑張っています。

先日も、近所のスーパーマーケットで、八十歳前後の年配の買い物客の質問に対して、中腰になって相手の目線の高さでやさしく応対している女性店員の姿を、そばにいた小学校一、二年生とおぼしき女の子がじっと見つめている光景に出くわしました。

この女の子もまた、年配者にやさしく接している店員さんを見て、きっと、人間としての大切な何かを心に焼きつけたに違いありません。

子どもという存在は、大人の振舞いを見ていないようで、実は、本当によく観察しているものです。たとえテレビを見ながらでも、ゲームに熱中していても、親の姿を見ているものです。

人間の成長と「同一視」

今一つ、人間の成長発達の特徴を表した言葉に、「同一視」(identification) があります。同一視には、モデリングに近い意味がありますが、子どもが、親などの考えや行動、性質を自分の中に取り入れ、成長を遂げていく、より主体的な発達の過程であるといえるでしょう。同一視は、私たちの人格を形成していく上で、きわめて重要な意味があります。

幼児が成長を遂げ、自分と他者とを区別できるようになりますと、親というきわめて重要な他者とのあいだに、同一視が生じます。とりわけ、幼児期も後半になると、男の子には、僕も大きくなったらお父さんのようになりたいという父親同一視がみられるようになります。女の子であれば、大きくなったらお母さんのような女性になりたいという母親同一視が生じます。

こうして、子どもは、同性の親を同一視することで、男の子は男らしさを、女の子は女らしさを身につけ、性役割を獲得していきます。同じように、青年期にも、尊敬してやまない人とのあいだに同一視が起こります。そして、自分は医者になりたい、保育士になりたい、看護師になりたいと思うようになります。

子どもから慕われる大人に

モデリングや同一視という過程は、人が一人の人間へと成長を遂げていく上で、欠くことのできないステップです。子どもたちが、自分の生き方について考え、大きな希望を携えて、社会に出ていけるようになるためには、モデルとしての大人の生き方が問われていることを、自覚してかかる必要があります。

牧口常三郎先生は、『創価教育学体系』の中で、教師という存在を引き合いに出しながら、道徳について、大変、わかりやすい指摘をおこなっています。[9]

教師という立場の人間にとって、道徳心は欠くことのできない資質であることに違いはないが、不道徳でないかぎり、〝善良人〟であれば、合格点を与えるべきだとしています。ただし、教師は、世間から指導的な立場や待遇を与えられている以上、単なる知識の伝達だけではなく、一般の人々の尊敬を裏切ることのないだけの模範を示せる存在でなくてはなりません。

知識を身につけることだけに満足しているのではなく、社会や国のために貢献すること、その上で、道徳的価値の創造、すなわち〝道徳的創価〟において、模範的存在でなくてはならないと述べています。大変、興味深い指摘です。

牧口先生の指摘は、教師にかぎらず、すべての社会人にもあてはまることです。政治家や公務員はもとより、会社やお店、病院で働いておられる方など、すべての人にあてはまります。

牧口先生のいう〝道徳的創価〟、つまり、道徳的な価値を創造していくためには、さまざまな工夫や試みが考えられます。しかし、それ以上に大切なこと——。それは、大人が、日々の振舞いの中で、絶えず、子どもの存在というものを意識しながら、牧口先生のいう善良人としての生き方を貫《つらぬ》いていくこと、子どもを温かく見守り、子どもの心に、希望の灯をともせる存在であり続けることです。子どもたちが、〝あんな人になりたい〟と思うような大人を目指していくことです。

私たち大人は、自らの言動が、子どもたちの成長の上で、かけがえのないモデルとなっていることを自覚し、時には、自身の言動を振り返り、点検をしてみる必要がありそうです。

Part 6

人は〝人のあいだ〟で人となる

現代社会は、時代とともに、人間関係のあり方が大きく様変わりしつつあります。その理由の一つが、コミュニケーション・ツールの進歩です。

二つ目には、環境の変化があげられます。地域では、放課後、子どもたちが群れて遊ぶ姿も見られなくなりました。かつて教育心理学では、子どもたちが近所で徒党を組んで遊ぶ様子は、「ギャングエイジ（徒党時代）」と呼ばれましたが、今ではこうした言葉も、すっかり死語となってしまいました。ご近所づきあいもまた、マンション住まいにかぎらず、戸建ての地域でもめっきり減り、ご近所同士の様子を知ることも難しくなりました。

最近では、〝レンタルショップ〟ならぬ、〝レンタルフレンド〟と呼ばれるサービスを立ち上げる企業も出てきました。[10] 有料で貸し出す車やＤＶＤは、レンタカーやレンタルDVDと呼ばれますが、レンタルフレンドは、文字どおり、有料で貸し出す友だちのことです。

友人のレンタルサービスを提供する会社は、十代から七十代の女性スタッフで構成されています。顧客は、お金を払って女性スタッフを呼び、話し相手や食事相手になってもらうというサービスを受けます。個室で二人きりにならない、体に触れない、女性はお酒を飲まないなどの決まりがあります。料金は、依頼内容によっても異なるようですが、一時間三千円から五千円程度。レンタル会社の女性社長は、今の日本は、精神的な面では、必ずしも豊かではないといいます。

交際していた相手と別れ、一年半が経過した三十代半ばの男性は、月に一回、レンタルフレンドとのデートを楽しんでいます。レンタルした日は、午前十一時に待ちあわせて、買い物や食事、美術館での絵画鑑賞につきあって午後七時に別れる。料金は三万円余り――いろんなところに一緒に行って、悩みを聞いてもらうと、嫌なことも忘れられるといいます。

レンタルフレンドを利用するのは、男性だけではありません。二十一歳の女性は、レンタルフレンドと時間を共にすることで、職場の人間関係からも解放され、素《す》の自分でいられることが何よりもの魅力だといいます。こうした会社が設立されること自体、現代社会の人間関係が希薄化しつつあることを、端的に物語っているといえます。

〝多接〟のススメ

こうした時代の変化の中で、私たちは、あらためて、人と人との触れ合いの大切さについて考えてみる必要がありそうです。世界各地の医療支援をおこなってきたことで知られる医師の鎌田實《みのる》さんは、現代社会の大きな課題は〝人と人との関係の復興〟だといいます(11)。人と人とのつながりをいかに強くしていくかが、これからの社会で問われています。

人とのつながりを大切にすることは、遠回りのようで、心身の健康の維持にもつながります。日本生活習慣病予防協会では、健康な生活を送るためには、①「一無《いちむ》」②「二少」③「三多」の実践を推奨しています(12)。

「一無」とは禁煙。たばこをやめること。「二少」とは、少食、少酒。腹八分目、暴飲暴食はつつしむこと。そして、「三多」とは、多動・多休・多接のことです。多動とは運動をすること、多休とは、休むべきときはしっかりと休むこと、多接とは、趣味や習い事、ボランティア活動はもとより、たくさんの人と出会い、交流を持つことです。

このうち、多接は、一見、健康とは何の関係もないように思えますが、人と交わる、人とかかわりを持つということは、人間としての本来のあり方であり、生きがいを持って人間らしい生活を送る上で、とても大切な条件です。

家族や恋人、親友のような深い結びつきにある人と共に過ごす時間にかぎらず、私たちは、散歩の途中で初めて出会った人との、たった一言、二言の会話や、街で出会った人の笑顔に接して、生きる元気と力をもらえるものです。

つい先日、駅のプラットホームで各駅停車を待っていたときのことです。先に停車していた特急が、ゆっくりとプラットホームを後にし始めました。そのときでした。プラットホームで、私と同じ各駅停車を待っていた若いお母さんと幼児に、特急電車の最後部にいた車掌さんが、窓から幼児に向かって、満面の笑顔で大きく手を振ったのです。ほんの一瞬の光景でしたが、車掌さんの心温まる振舞いに接して、とても幸せな気持ちになりました。

東北からやってきた十代の青年が、大学の通信教育での学びに挑戦し始めた一年目の夏のことです。二週間に及ぶスクーリングのために、大学の寮に宿泊することになりました。不登校経験もあり、生来《せいらい》引っ込み思案のおとなしい性格で、初めは、寮で集団生活を送ることができるかどうか、不安と劣等感でいっぱいだったようです。最初の二、三日は、寮での生活にまったく馴染《なじ》めませんでした。

しかし、同年代の人や、自分のおじいちゃんのような年齢の人が、気軽に声をかけてくれたり、学習のアドバイスをしてくれる中で、徐々に集団での宿泊生活にも慣れ、周囲と打ち解け、大きな自信につながったというのです。生涯学習による学びは、授業での学びだけでなく、こうした人間としての学びという点でも、大きな収穫が得られるところに魅力があります。

"人の中""人のあいだ"で生きる！

仏教に、「縁起《えんぎ》」という言葉があります。「因縁生起《いんねんせいき》」という言葉を略したものです。あらゆる現象は、因と縁が関係し合って起こっているという意味です。「因」とは、内なる直接の原因のことです。「縁」とは、さまざまな条件だと考えてください。

つまり、すべての事象は、私たちの内にある原因と、外のさまざまな条件が重なり合って起こってきます。言い換えますと、すべての事象は、相互に依存し合って成り立っていると考えられます。私たちの日々の人間関係も、因縁で成り立っています。こんな男性と結婚したいという思いや秘められた男性観（因）が、自分とある男性とを引き合わせることで（縁）、男女が結ばれ、やがて、夫婦となって共に助け合いながら生きていくというように――。

このように考えてみますと、人と人とが出会い、触れ合うことの不思議さを、あらためて実感します。人と出会い、向き合うということは、時に、大変なエネルギーが必要です。疲れを感じることもあれば、鬱陶《うっとう》しくなることもあるでしょう。

しかし、私たちが、人として生きるということは、時には、そうしたネガティブな感情と向き合い、格闘しながらも、それでもなおかつ、人の輪の中に入って、人と交わり、人と歩みを共にするということなのです。

人間とは、〝人の間〟と書きます。人は一人で生きていくことはできません。人に悩み、人に揉《も》まれながらも、人とのあいだにおいてのみ、生きている、生かされているという手応えと充足感、喜びを味わうことができるのです。

倫理学者の和辻哲郎《わつじてつろう》は、〝人は人間関係においてのみ、初めて人となり得る〟と述べています。[13] フランスの作家サン＝テグジュペリもまた、生涯の信頼を結んだ同僚との思い出をとおして、「真の贅沢《ぜいたく》というものは、ただ一つしかない。それは人間関係の贅沢だ」[14]との言葉を残しています。そして、フランスを代表する哲学者アランもまた、『教育論』の中で、「精神によって学ぶというのはいかなることなのか。それは人と交わることだ」[15]と言い切っています。

私たちは、こうした先人の言葉の持つ重みを、あらためて心に刻みながら、人間の中に、勇んで飛び込んでいきたいと思います。

【引用・参考文献】

Chapter 1

(1)『日蓮大聖人御書全集』（創価学会版） 一九五二年 聖教新聞社、一四九一頁

(2)桂戴作／杉田峰康／白井幸子『交流分析入門』 一九八四年 チーム医療

(3)埼玉新聞「ごみひとつなく感激」 二〇一三年三月二日付

(4)鈴木敏恵『パーソナルポートフォーリオ：自分は地球にひとり！』 二〇〇五年 学習研究社

(5)Bridget Grenville-Cleave, *Introducing Positive Psychology: A Practical Guide* (Icon Books,2012)

(6)本多明生「進化心理学とポジティブ感情――感謝の適応的意味」（『現代のエスプリ』五一二号、二〇一〇年、ぎょうせい）

(7)前掲 *Introducing Positive Psychology: A Practical Guide*

(8)セリグマン・M『ポジティブ心理学の挑戦』（宇野カオリ監訳） 二〇一四年 ディスカヴァー・トゥエンティワン

(9)大橋明「あきらめに関する心理学的考察：その意味と概念について」（『中部学院大学・中部学院短期大学部 研究紀要』第九号、二〇〇八年）

(10)浅野憲一「わりきり志向尺度の作成および精神的健康、反応スタイルとの関係」（日本パーソナリティ心理学会『パーソナリティ研究』第十八巻第二号、二〇一〇年）

(11)松元大地「わりきり志向尺度の作成および楽観主義、肯定的自動思考との関連についての一研究」（創価大学文学研究科教育学専攻鈎治雄研究室・修士課程学位論文、二〇一五年）

Chapter 2

（1）朝日新聞「東洋の魔女、引退後も人生豊か」二〇一三年九月十七日付
（2）湯川カナ『「他力資本主義」宣言』二〇一四年　徳間書店
（3）カニッツァ・G『視覚の文法：ゲシュタルト知覚論』（野口薫監訳）一九八五年　サイエンス社
（4）日本マイクロカウンセリング学会ホームページ「マイクロカウンセリングとは」
（5）アイビィ・A他『マイクロカウンセリング　基本的かかわり技法』（福原眞知子訳）一九九九年　丸善
（6）牧口常三郎『創価教育学体系Ⅰ』一九七二年　聖教新聞社
（7）小此木啓吾『フロイト』一九八九年　講談社
（8）土居健郎『「甘え」の周辺』一九八七年　弘文堂
（9）尾崎行雄『民主政治読本』（石田尊昭解説・編集）二〇一三年　世論時報社

Chapter 3

（1）戸梶亜紀彦「『感動』喚起のメカニズムについて」（日本認知科学会『認知科学』第八巻四号、二〇〇一年）
（2）松尾義広「実践報告　特別支援学校の生徒に学ぶ」〈未刊〉二〇一四年
（3）岸見一郎『アドラー　人生を生き抜く心理学』二〇一〇年　ＮＨＫ出版
（4）三好春樹『関係障害論』一九九七年　雲母書房

（5）平野美沙子　「アタッチメント（愛着）形成と、保育の役割」（静岡産業大学経営研究所『環境と経営』第十九巻第二号、二〇一三年）
（6）Harlow F. Harry, The Nature of Love, *American Psychologist*, 13, 573-685, 1958
（7）ベルクソン　『笑い』（林達夫訳）一九七六年　岩波書店
（8）資生堂グループ企業情報サイト　「知って、なるほど化粧品　すてきな笑顔って?」
（9）読売新聞　「気流：笑顔と誠実な態度 必要」　二〇一四年十一月二日付
（10）椥澤令子　「幼児の乳児に対する養護性 nurturance とその測定に関する研究：先行研究と今後の方向性」（発達科学研究教育センター『発達研究』第二十四巻、二〇一〇年）
（11）数見隆生／吉田茂／鎌田雅子／橋本由美子／佐藤洋子　『生きているってどんなこと?：子どもたちと考える「生」「いのち」「死」』（全国養護教諭サークル協議会 企画）二〇〇七年　農山漁村文化協会
（12）荒巻裕　「平和を築く：カンボジア難民の取材から」（平成十四年度版『現代の国語・三年』三省堂、二〇〇二年）
（13）「『幸福学』白熱教室（第一回）お金はあなたを幸せにしますか?」（エリザベス・ダン）　ＮＨＫ・Ｅテレ　二〇一四年一月十日放送
（14）前掲『ポジティブ心理学の挑戦』
（15）アラン　『幸福論』（神谷幹夫訳）一九九八年　岩波書店

Chapter 4

（1）深谷和子／上島博／子どもの行動学研究会／レジリエンス研究会　『子どものこころの力を育てる――レジリエンス

―』（深谷昌志監修）二〇〇九年　明治図書出版

（2）ゾッリ・A／ヒーリー・A・M『レジリエンス 復活力』（須川綾子訳）二〇一三年　ダイヤモンド社

（3）野尻幸宏「ココが知りたい温暖化」（地球環境研究センター『地球環境研究センターニュース』二〇〇七年四月号）

（4）森敏昭／清水益治／石田潤／冨永美穂子／Chok. C. Hiew「大学生の自己教育力とレジリエンスの関係」（『学校教育実践学研究』第八巻、広島大学教育学部附属教育実践総合センター、二〇〇二年）

（5）小林聡幸「うつ病のレジリアンス――内なる回復のリズム」（加藤敏・八木剛平編『レジリアンス：現代精神医学の新しいパラダイム』金原出版、二〇〇九年）

（6）セリグマン・M『オプティミストはなぜ成功するか』（山村宜子訳）一九九四年　講談社

（7）武者小路実篤『武者小路実篤画文集　人生は楽ではない。そこが面白いとしておく。』二〇〇六年　求龍堂

（8）前掲『幸福論』

（9）ヘレン・ケラー『楽天主義』（岡文正監訳）二〇〇五年　イーハトーヴフロンティア

（10）フレドリクソン・B・L『ポジティブな人だけがうまくいく3：1の法則』（植木理恵監修・高橋由紀子訳）二〇一〇年　日本実業出版社

（11）小西聖子「トラウマとは」武蔵野大学心理臨床センターホームページ

（12）Richard G. Tedeschi & Lawrence G. Calhoun, Posttraumatic Growth: Conceptual Foundations and Empirical Evidence, *Psychological Inquiry*, vol. 15, 1-18, 2004

（13）スティーヴン・ジョゼフ『トラウマ後　成長と回復：心の傷を超えるための6つのステップ』（北川知子翻訳）二〇一三年　筑摩書房

(14) ウィンストン・S・R『音楽療法』(林陽訳) 二〇〇三年 中央アート出版社
(15) 瀧澤紫織「認知療法の場としての森林療法」(日本森林学会『森林科学』第四十八号、二〇〇六年)
(16) 青木邦男「運動の不安軽減効果及びうつ軽減効果に関する文献的研究」(『山口県立大学大学院論集』第三号、二〇〇二年)
(17)「君が僕の息子について教えてくれたこと」 NHK総合 二〇一四年八月一六日放送
(18) 前掲『日蓮大聖人御書全集』、一五九六頁
(19) 廣瀬清人/菱沼典子/印東桂子「マズローの基本的欲求の階層図への原典からの新解釈」(『聖路加看護大学紀要』No.35、二〇〇九年)

Chapter 5

(1) パスカル『パスカルの言葉』(田辺保訳編) 一九九七年 弥生書房
(2) 牧口常三郎『創価教育学体系Ⅲ』 一九七九年 聖教新聞社
(3) 読売新聞「ネット中傷 見えにくく」 二〇一四年三月二十五日付
(4) 溝口純二「ウイニコットのスクイグル法」(『現代のエスプリ』三九〇号、ぎょうせい、二〇〇〇年)
(5) 鈴木智子「小学生の望ましい人間関係づくりに関するエスノグラフィー的研究:学級の話合い活動における教育臨床的意義に着目して」(創価大学文学研究科教育学専攻鈎治雄研究室・修士課程学位論文、二〇一三年)
(6) 池田大作「光の言葉 幸福の曲:地球民族主義よ 輝け」 聖教新聞 二〇一五年二月八日付
(7) 山極寿一「顔」 読売新聞 二〇一四年八月八日付

(8) A・バンデュラ編『モデリングの心理学：観察学習の理論と方法』(原野広太郎・福島脩美共訳) 一九七五年 金子書房
(9) 前掲『創価教育学体系Ⅲ』
(10) 朝日新聞「友人は、レンタル」二〇一三年十月二十七日付
(11) 鎌田實「さあこれからだ・人と人との関係を立て直す」毎日新聞 二〇一五年三月十七日付
(12) 日本生活習慣病予防協会(JPALD)ホームページ
(13) 和辻哲郎『人間の学としての倫理学』二〇〇七年 岩波書店
(14) サン＝テグジュペリ『人間の土地』(堀口大學訳) 一九五五年 新潮社
(15) アラン『教育論』(水野成夫・矢島剛一共訳) 一九四九年 酣燈社

以下は、本書のテーマに関して、著者がこれまでに記した参考図書です(共著・共編著を含む)。

鈎治雄・吉川成司『人間行動の心理学』一九九二年 北大路書房
鈎治雄『親と子の心のふれあい』一九九六年 第三文明社
鈎治雄『楽観主義は自分を変える――長所を伸ばす心理学』二〇〇六年 第三文明社
鈎治雄『お母さんにエール！ 楽観主義の子育て』二〇一〇年 第三文明社
山口勝己／鈎治雄／久野晶子／高橋早苗／李和貞編著『子どもと大人のための臨床心理学』二〇一二年 北大路書房
鈎治雄『楽観主義は元気の秘訣』二〇一三年 第三文明社

【ら行】

【わ行】

【索引】

鈎　治雄（まがり・はるお）

1951年、大阪生まれ。大阪教育大学大学院修了。私立追手門学院小学校教諭、追手門学院大学教育研究所員を経て、創価大学教育学部教授・大学院文学研究科教授、創価大学教職キャリアセンター長、東洋哲学研究所委嘱研究員を歴任。単著に『楽観主義は自分を変える』『子育てが楽しくなる心理学Q＆A』（以上、第三文明社）『教育環境としての教師』（北大路書房）など。共著・共編著に『子どもと大人のための臨床心理学』（北大路書房）『子どもの育成と社会』（八千代出版）『はじめて学ぶ教育心理学』（ミネルヴァ書房）などがある。

人《ひと》づきあいが楽《たの》しくなる心理学《しんりがく》

2015年7月31日　初版第1刷発行
2020年1月 2 日　初版第3刷発行

著　者　鈎《まがり》　治雄《はるお》
発行者　大島光明
発行所　株式会社　第三文明社
東京都新宿区新宿 1-23-5
郵便番号　160-0022
電話番号　03（5269）7144（営業代表）
03（5269）7145（注文専用）
03（5269）7154（編集代表）
振替口座　00150-3-117823
URL　https://www.daisanbunmei.co.jp/
印刷・製本　図書印刷株式会社

ISBN 978-4-476-03347-2